KB214343

교회를 세우는 신앙을 찾아서

교회를 세우는 신앙을 찾아서

종교사회학자의 가정교회 DNA 해석서

ⓒ 이성우

초판 1쇄 인쇄 | 2022년 05월 30일
초판 1쇄 발행 | 2022년 06월 10일

지은이 | 이성우
발행인 | 강영란
편집 | 박관용, 권지연
디자인 | 트리니티
마케팅 및 경영지원 | 이진호

펴낸곳 | 샘솟는기쁨
전화 | 대표 (02)517-2045
팩스 | (02)517-5125(주문)
이메일 | atfeel@hanmail.net

홈페이지 | https//blog.naver.com/feelwithcom
페이스북 | https//www.facebook.com/publisherjoy
출판등록 | 2006년 7월 8일

ISBN 979-11-89303-73-0(03200)

나는 왜
생활신앙에
관심을 가졌나?

LIVED
faith

이성우 지음

종교사회학자의 가정교회 DNA 해석서

교회를 세우는

신앙을 찾아서

샘솟는기쁨

탈교회화 시대의
한국 교회에게

봉천교회는 반세기의 역사 속에서 '늘 싸우는 교회, 목사를 쫓아낸 교회'라는 어두운 소문만 무성하였다. 이재익 목사는 부임 후 '성경이 그렇다면 그런 줄 알고, 아니라면 아닌 줄 알고, 하라면 하고, 하지 말라면 안 하겠다'는 자세로 성경을 이해하고 따를 때 성경적인 교회 모습, 신약 교회를 회복할 수 있을 것이라고 확신하고, 원형목장을 운영하며 성도들에게 성경적인 교회 모습을 보여주었다. 그 결과 봉천교회는 따뜻하고 아름다우며 행복한 교회로 변화되었다. 저자 이성우 교수는 이 책을 통하여 그 변화의 과정을 생생히 소개하고 있다. 성경대로 목회하면서 신약 교회의 모습을 회복하고자 하는 이들은 꼭 이 책을 읽기를 추천한다. **— 안태준 | 목사, 전 한국가정교회 사역원장**

설립부터 한국근현대사 한가운데에서 비롯된 한 지역 교회가 그 시대를 가로지르며 민주주의 교육을 하는 공민 양성 기관에서 교인 육성 교회로, 신앙생활의 터전인 교회로, 그리고 하나님 나라를 준비하는 신앙 공동체 교회로 정체성을 형성한 혁신과 변화, 발전 과정을 오롯이 보여 준다. 3천 년 시대를 맞이

한 한국 교회의 미래 가능성을 우리에게 소개한다. — **최우영 | 기독교사회경제연구소 소장, 경영학박사**

포스트 코로나 시대, 뉴노멀 시대, 교회는 하나님과의 지속적인 교제 없이는 세상에서 초월성을 유지할 수 없고, 세상 문화와의 결속 없이는 타당성을 잃는다. 더불어 교회 안에 있는 과거의 무비판적인 요소들을 검토해야 할 것이다. 예배에 빠지지 않아야 하고, 주일성수를 잘 지켜야 하고, 목사를 잘 섬겨야 하는 게 신앙생활이 아니다. 성경대로 살아보자. 하나님이 기뻐하시는 삶을 생활신앙으로 소개하는 이 책은 브리스가와 아굴라처럼 초대교회를 바라는 이들을 위해 출간되었다. 저자의 맑은 영혼과 범상치 않은 섬세함, 지적 예리함을 읽는 재미도 쏠쏠하다. — **변상지 | 박사, 한양제일교회 장로, 사카타코리아 전 대표이사 사장**

이 책 『교회를 세우는 신앙을 찾아서』는 탈종교화 시대에 종교가, 개신 교회가 어떤 모습으로 다시 세워져야 하는지 잘 보여준다. 이성우 박사는 카리스마 중심 또는 권위 중심의 교회가 아니라 생활신앙에 기반한 신앙 공동체로서의 교회가 어떻게 세워지는지 강화 봉천교회 사례를 참여관찰자 시점에서 서술하고 분석한다. 이 책은 새로운 교회 공동체를 찾고 연구하는 사람들에게 도움이 될 것이다. — **장형철 | 박사, 인덕대학교 교목실장, 한국종교사회학회 회장**

위기와 답보 상태에 놓인 한국 교회에 봉천교회 이야기를 전하는 이 책은 갈등과 반목이 교차했던 교회가 바뀌게 된 원인을 드러냈다. '성경대로 살자'는 담임목사의 목회 철학이 '사회 안에 있는 교회'에서 '생활신앙'으로 어떻게 승화하였는지를 소개한다. 탈교회화 시대를 살아가는 한국 교회가 하나님의 소명을 깨닫고 실천해 나가는 대안과 모델을 제시하고 있다. — **윤정석 | 목사, 선교학 박사, 함께하는 사랑밭 기부홍보팀 간사**

교회는 참신앙을 가진 사람들을 세워야 합니다. 하나님이 계실 자리에 다

른 것, 심지어 사람을 앉혀 놓기도 했습니다. 교회 회복은 하나님 중심 신앙에서 시작되어야 합니다. 이 책은 강화도 시골 교회를 통해 불변의 진리가 어떻게 사람을 회복시켜 주는지를 말합니다. 이 책을 통해 교회의 본질과 신앙의 본질을 회복하는 데 큰 도움을 얻기 바랍니다. ─ 이경준 | 목사, 한국가정교회 사역원장

성경적인 교회 회복에 관한 이야기는 많아도 실상 문자와 문맥의 틀에 갇힌 모습이어서 다음 세대는 외면받고 한국 교회는 추락하고 있다. 교회의 회복과 부름 받은 사람의 회복 중 한국 교회는 어디에 집중할까? 이 책은 부름 받은 사람의 회복이 가정의 회복, 공동체의 회복, 세상의 빛과 소금으로 회복되어 가는 삶을 살아가는 이들의 이야기를 소개한다. 교회의 회복을 꿈꾸는 이들에게 이 책을 추천하고자 한다. ─ 이재익 | 목사, 봉천감리교회 담임

저자는 시골 교회 성도들의 생활신앙을 관찰하면서 그것을 다시 보고 생각하게 합니다. 가정교회를 통해 성경대로 살아가려는 우리의 현재 진행형이자 미래지향적인 삶을 이 책에 담았습니다. 하나님이 교회만이 아닌 일상생활 가운데 우리를 통해 일하심을 역사의 흐름처럼 한눈에 볼 수 있고, 천국을 소망하며 오늘을 살아가는 모습을 소개합니다. ─ 김현아 | 권사, 봉천감리교회 성도

이 책은 마치 한 편의 교향악 같다. 생활신앙으로 세워지는 한 교회 분석을 위해 저자는 역사학, 신학, 교회학, 종교사회학, 미시사회학, 심리학, 상담학 등 다양한 학문적 관점을 활용하고 있다. 날카로운 분석 이면에 교회를 바라보는 따뜻한 시선이 느껴진다. 교회를 사랑하는 모든 이들, 특히 목회를 준비하고 새로운 목회를 꿈꾸는 신학생과 목회자에게 추천하는 바다. ─ 임정아 | 박사, 감리교신학대학교 학생생활상담실장, 한국목회상담협회 노년상담분과위원장

이 책은 개인의 상아탑을 공고히 세우려는 이기적인 학자의 글이 아니다. 생활신앙이 역동적인 신앙 공동체를 형성하는 삶의 신학을 소개한다. 성도 한

사람, 한 가정의 삶의 자리에서 신앙 공동체를 만들어 가는 모습, 저자는 여전히 교회의 필요성을 말하고, 하나님 이미지는 신학에 박제된 그것과는 사뭇 다르다. 우리 모두 간절히 바라는 살아계신 하나님이시다. 그런 신앙을 꿈꾸는 모든 이들에게 이 책을 꼭 읽어 보라고 권한다. — **김정숙 | 교수, 감리교신학대학교 조직신학**

기독교인 자연과학자로 살아왔다. 어느 특정한 공간과 시간에 보인 결과가 다른 공간과 시간에서 동일할 수 없음을 잘 안다. 그런데 모든 것이 변했음에도 변하지 않는 것이 교회 형태였다. 그래서 '기독교'가 개독교로 '목사'가 먹사가 된 사회를 살고 있다. 그런 의미에서 '교회 회복'에 관한 이야기가 반갑다. "어떻게 이렇게 행복하게 살아?" 이 질문이 나온 현장엘 꼭 찾아야겠다는 생각이 든다. 일독을 권하는 이유이기도 하다. — **이중철 | 전 I大 교수, 이학박사**

"다 하나님의 은혜죠." 어떻게 이런 부흥을 이루셨냐고 선배 목사님께 물으면 대개 이렇게 시작한다. 그들은 몇몇 사건들로 성공을 설명한다. 이 책은 '하나님의 은혜'가 실제 사역 속에 어떻게 실재되는지를 기록한 책이다. '인내와 기도'가 목회자의 미덕처럼 여겨지는 목회 현장을 '리더십'과 '심리적 방어기제'를 화두로 해석해 나가는 대목은 탁월하고, 시원하다. 목회를 제대로 알게 하는 교과서 같은 책이라 목회를 준비하는 모두가 읽었으면 한다. — **최영락 | 목사, 대광감리교회 교육 담당**

"내가 그의 이름을 불러주기 전에는 그는 다만 하나의 몸짓에 지나지 않았다. 내가 그의 이름을 불러주었을 때 그는 나에게로 와서 꽃이 되었다." 이 책은 교회생활을 하며 모호하게 고민하고 성찰했던 것을 '이면의 역동성' 같은 저자의 종교사회학적인 용어로 정의한다. '교회생활'에서 '생활신앙'으로의 패러다임 전환을 제시하는 좋은 목회 지침서이다. — **신윤섭 | 교회의 생활신앙을 고민하는 목사**

저자는 종교사회학과 미시사회학, 심리학, 교회학 등의 학문적 토대로 어떤

교회가 진정으로 하나님이 기뻐하는 교회인지를 봉천교회 모델을 통해 연구하고 분석하였다. 교회 리더들의 갈등과 반목으로 상처받은 교인들은 담임목사의 진정한 섬김과 원형목장 모임에서의 삶공부로 치유를 경험하면서 다시 가족과 교회와 사회를 섬기는 선순환의 삶으로 구현된다. 이런 교회 교인이 되고 싶다. 한국 교회가 앞으로 나아가야 할 방향을 제시하는 책이다. — 원영재 | 박사, 새문안교회 권사, 피아트룩스심리치료연구소 소장

세상은 함께 이루는 변혁과 다양성이 환대받고 있지만, 교회는 여전히 목회자 중심이고 획일성이 지배적이다. 이 책은 교인이 주체가 되어 교회와 가정과 직장을 동시에 중요하게 여기며 교회와 세상을 구분하지 않는 생활신앙으로 '교회론'을 넘어서 '교회학'의 지평을 펼쳐 보이면서 가 보지 않은 길을 걸어간다. 미래지향적인 교회와 목회를 위한 새로운 길을 찾고 있는 기독교인에게 '품길'이 되리라 믿어지기에 강력히 추천한다. — 이찬석 | 교수, 협성대학교 조직신학

너 나 할 것 없이 '성장, 속도, 경쟁'에 최고의 가치를 두던 시대였다. 교회도 예외가 아니었다. 이 책이 특별한 이유는 '더 크게, 더 빨리, 더 높이' 성장한 신도시 대형 교회의 대박 이야기가 아니라, 작은 교회의 변화를 신앙 공동체의 대안과 해법으로서 제시하고 있다. 종교사회학자인 저자는 세심하게 관찰하고, 뿌리를 깊이 두고 진솔하게 풀어냈다. 보석처럼 귀한 책이다. — 김명섭 | 목사, 강릉예향교회 담임

나는 왜 생활신앙에
관심을 가졌나?

이 책은 강화군 하점면 봉천교회 이야기이다. 신앙이 삶이고 삶이 신앙이라 여기는 봉천교회 교인들에게는 생활신앙(lived faith)이 있었다. 우리처럼 그저 그런 평범한 사람들이고, 이래저래 버거운 삶의 짐을 신앙의 힘으로 이겨내며 살아간다. '사회 안에 있는' 교회에서의 신앙살이라고 할 것이다. 그러기에 생활신앙은 우리 삶에 신앙을 덧댄 모습과 별반 차이 나지 않는다.

교인들은 이구동성 '삶공부'를 말한다. 삶공부는 봉천교회 성경공부이다. 매년 서너 차례 열리는 성경공부를 통해 삶이 변했다는 것이다. 그 덕에 과거에서 벗어나 오늘의 모습으로 살아가게 되었다고 고백한다. 그들은 그렇게 삶에서 하나님께서 바라는 하나를 바꾸려는 노력으로 하루를 산다. 그 하루가 쌓여 변화된 자신을 발견하게 된다.

봉천교회를 찾은 건 신학교 강의를 하는 나의 소속 교회였기 때문이다. 친구가 담임목사여서 한 달에 한 번 출석하면 되겠다는 얄팍하고 이기적인 마음으로 그곳을 찾았다. 그런 물색없는 나에게 친구와 교인들은 부담임목사라는 타이틀을 주었고, 어쩔 수 없이 한 달에 한 번 출석이 아닌 설교를 하게 되었다.

그런데 주일 예배마다 이루어지는 교인 간증에 매료되어 갔다. 진솔한 간증이 신선하게 다가왔고, 미처 몰랐던 교회 모습을 볼 수 있었다. 책을 쓰면서 그것을 생활신앙이라 부른다. 생활신앙은 교회생활과는 차이가 있다. 교회 건물에 가서 활동하는 교회 중심의 신앙을 교회생활이라 한다면, 생활신앙은 교회와 가정과 일터를 동일하게 중요히 여기며 개인 중심의 생활이다. 교회 안에서 이뤄지는 활동은 물론 가정에서 신앙을 나누고 일터에서 신앙의 가치를 구현해 내고 있었다. 생활신앙은 굳이 교회와 세상을 구분하지 않았다.

담임목사인 친구가 아팠고, 2019년 7월부터 6개월 동안 안식년을 가졌다. 친구의 빈자리에서 매주 주일과 수요일 설교를 하게 된 나는 생활신앙을 새로운 교회론으로 자리매김하려 애썼다. 비록 내 생각이겠지만 절반의 성공이었다. 그 과정에서 프랑스 사회학자 마페솔리(Michel Maffesoli) 저서 『부족의 시대: 포스트모던 사회에서 개인주의의 쇠퇴』에서 말하는 '동질성을 가진 이들이 공동체를 형성하는 모델'을 봉천교회에서 발견할 수 있었다.

후기 산업사회에서 교인들은 전통이나 정형화된 기관(예를 들어, 가정)이 해체되는 환경에서 자신의 삶이나 교회에서 겪은 상흔으로 힘겨워한다는 파편화된 동질성을 가지고 있었다. 강화군 하점면이 농촌 환경임에도 교인 다수 직업군이 농업이 아니라는 유사성도 있었다. 대대수가 '두 번째 직업(second career)'이었다. 성장 배경에 농촌 사회의 문화 유사성이 있었는데 그것이 교회에서 새로운 신앙 공동체를 만들어 가는 동력이었을 것이다.

교인들은 예배당 중심 신앙인이 아니며, 소그룹을 지칭하는 목장 중심이었다. 그곳에서 한 주 동안 있었던 일상을 나눈다. 이야기 핵심은 하나님의 손길에 관해서였고, 이모저모 체험한 하나님을 고백한다. 대개 두세 시간을 함께하고, 때로는 자정을 넘기기도 한다면서 친구 목사는 자랑스럽게 말했다. 정돈되지 않은 언어로 고백하더라도 삶의 치열함을 엿볼 수 있었다.

그들이 찾은 것은 자신에게, 가정에서, 일터에서, 그리고 교회에서 '하나님께서 기뻐하시는 일이 무엇인가?'였다. 이것을 봉천교회에서는 신앙이라 부른다. 다르게 말하면, 도덕적 원리일 것이다. 착하게 살아야 한다는 혹은 교회를 열심히 다녀야 한다는 규범이 아니라, 봉천교인이 마땅히 알아야 하고 당연히 받아들이고 실천해야 하는 원리라는 뜻이다. 그것은 하나님께서 그들의 삶에서 바라는 일일 것이다.

그 시간이 쌓여 가면서 용기가 생겼다. 봉천교인들의 생활신앙을 책에 담고 싶었다. 2021년 1월 중순부터 3월에 이르는 동안 24명을 한 회마다 2명씩 인터뷰하였다. 20~30대 청년부터 40대, 50대를 넘어 60대 장로 부부에 이르기까지 대략 1시간 30분 가량 만났다. 그 시간에 그들이 만난 하나님을 보았다. 신뢰로 단단히 묶인 목사와 교인의 관계도 보았다. 그들을 나는 '하나님을 의지하고 믿고 살아가는 신실한 사람들'이라 부른다. 그들을 존중하는 마음으로 한 문장 한 문장 써 내려갔다.

이 책은 역사서이거나 교리문답을 나열한 책이 아니다. 영웅적인 신앙고백을 다루는 것도 아니다. 우리와 다름없이 평범한 사람들의 신앙생활에 관한 책이다. 봉천교인을 바라보는 저자의 관점을 '여행 가이더(tour guider)'라 여겨 보자. 가이더는 여행자에게 이곳저곳 이것저것을 알려주면서 그들이 감동하고 좋아하고 즐거워하는 데 보람을 느낀다. 도대체 생활신앙이 뭐길래 그들은 목숨을 걸고 있는지를 읽어주길 바란다. 덧붙인다면, 어떻게 신앙인이 되었는지, 신앙인으로 살면서 어떻게 하나님을 믿게 되었는지, 어떻게 다른 사람을 이해하고 공감하며 더불어 살아가는지 등을 알게 될 것이다. 이 책을 통해 스스로 '나의 신앙'을 찾아가길 바란다.

책의 구성은 PART마다 주제에 따른 보편적인 개념을 포함했다. 역사, 변화, 신앙, 생활양식, 하나님 이미지, 도덕적 원리, 성별(consecration) 등이다.

PART 1은 봉천교회가 개척된 배경과 그 후 50년을 말한다. 교회란 복음을 전하는 목적으로 세워진다고 알고 있다. 그런데 봉천교회는 어떤 목적으로 세워졌고, 왜 그 과정을 겪었는지를 살펴보기로 한다. 여기에서 교회가 어떤 목적으로 세워져야 하는지를 생각했으면 한다.

PART 2는 봉천교회의 위기와 변화를 향한 시도를 다룬다. 교회에 닥친 위기가 하나님의 소명을 새롭게 세우는 기회라는 사실을 수긍할 수 있는가? 봉천교회는 위기를 어떻게 기회로 활용했는지를 말한다. 갈등이 변화의 기회가 되고, 갈등의 긍정적이며 생산적인 측면이 어떻게 교회에서 작동했는지를 소개했다.

PART 3은 위기와 갈등을 이겨낸 교회의 모습이다. 교인에 관한 인구학적 분석을 여기에 두었다. 그리고 목자와 목장, 삶공부를 통해 변화된 교인들의 모습을 소개한다.

PART 3이 변화의 과정이라면 PART 4, 5는 그 결과이다. 담임목사와의 인터뷰는 PART 4, 5를 이해하는 데 도움을 주므로 PART 3 뒤에 두었다. 인터뷰 내용은 어떻게 가정교회를 시작하게 되었는지, 교회에 관한 지역 사회의 역할이나 교회의 미래 등을 담았다.

PART 4에서는 구체적인 변화 사례로 생활신앙, 리더십의 분화, 그리고 역할론을 제시하고, PART 5는 교인들이 믿는 하나님의 이미지 다섯 가지를 소개했다.

PART 6은 앞의 내용에서 따로 떼어 학회지에 발표해도 될 정도로 글의 분위기가 다르다. 앞서 봉천교회가 겪은 내용을 기술하였다면, PART 6은 그에 관한 평가이다. 미시사회학자 고프만(Erving Goffman)이 말하는 underlife를 '이면의 역동력'으로 해석하면서 어떻게 교회에서 작동했는지 작동하는 구조를 밝히고 있다. 더불어 콜린스(Randall Collins)가 말하는 '정서적 에너지'를 신앙에 비교하기도 하였다.

따라서 PART 6은 이면의 역동력이 어떻게 신앙인지를 조명하였다. 신앙은 '보이지 않는 구조가 있다'라는 것을 주장한다. 봉천교회 생활신앙의 구조를 파악했다는 데 의의가 있다. 평가 기준은 새로운 시도이다. 한국에서 고프만과 콜린스 이론을 교회에 적용한 첫 사례일 것이다. 앞으로 다듬어 가야 할 과제이기도 하다.

마지막 PART 7은 앞으로 30년을 내다보며 현재에서 벗어나야 하는 한국 교회의 방향, 목회자가 가져야 할 과제와 마음가짐도 제시하고자 했다. 그런 관점에서 봉천교회 생활신앙은 하나의 사례일 것이다. 앞으로 30년 동안 교회는 시대적 흐름에 조응하며 다양성에 따라 새로운 시도를 해야 한다.

인터뷰에 관한 소소한 이야기는 주제에 따라 PART 2부터 PART 6까지 끝 부분에 두었다. 인터뷰는 밀당이다. 말을 주고받을 때마다 감정이 입이 되면서 이어 갔고, 인터뷰하는 동안 신앙과 교회생활을 돌이켜보았다는 점에서 개인 부흥회 같았다. 2010년 이후 봉천교인이 된 이들의 인터뷰이며 '생활신앙 이야기(lived faith story)'라고 이름을 붙인다.

처음 종교 영향은 어머니가 그 앞에서 빌었던 '부엌의 신줏단지'가 처음이다. 미션 스쿨인 중학교 입학이 침례교회에 가게 했고, 감리교회 부활절 부흥회에서 유쾌한 목사가 되고 싶었다. 그러나 정체성 혼돈은 아버지 반대를 무릅쓰고 감리교신학대학에 입학한 지 한 달 만에 시작되었다. 4년 내내 아니 3년간 이어졌다.

40살이 넘어서야 선험적 사고와 경험적 사고의 충돌에서 비롯되었다는 것을 깨닫는다. 1992년 가을, 이화여고 이화교회 교목이자 이종용 목사님과의 대화는 나를 만들어 가는 시간이었다. 참 고마운 분이다. 이듬해 종교사회학 전공을 위해 대학원을 선택했고, 이는 하나님의 은혜였다.

미국 유학 또한 1970년 이후 미국 교회는 어떻게 변하고 있었는지를 알기 위해서였고, 한국 교회 미래를 예측할 수 있다고 여겼다. 하지만 미국에서 15년, 이후 모교 강사 생활을 하면서 비로소 종교사회학의 거시적 접근의 한계를 보게 되면서, 미시사회학과 교회학으로 전환한다. 한국에 돌아오기 전 하나님께서 주신 마음으로 글을 쓰는 지금, 소명이 무엇인지를 되새긴다.

그동안 나의 관심은 오직 교회였고, 하나님을 믿는 사람들이 사회에서 교회를 만들어 가는 일을 돕고, 비판하고, 조명하고자 했다. 그 관점에서 사람들에게 필요한 교회를 말한다. 앞으로 더욱 글로 말로 알리고 자 한다. 교회 컨설팅, 개인 생애사 분석, 교회 이론 등을 연구하고 만들 어 갈 것이다.

지금의 내가 있기까지 빚진 분들을 소개한다. 삶을 전환하는 경계에 서 하나님 뜻을 찾을 수 있도록 기도한 분들이다. 늘 챙겨주는 작은 누 님 이경옥과 매형 최인규, 신학교에 입학하도록 길을 열어준 황우철 목 사님과 박귀란 원장님 내외, 목회의 길에 벗어난 내게 쉼터를 허락한 이 종용 목사님, 종교사회학을 권면한 이원규 교수님, 학문의 아우라에 눈 을 열게 도운 스캇 교수님(Scott L. Thumma), 힘들 때 챙겨준 최광일·김선 희 목사님 내외, 가끔 쉼을 주는 김영민 목사님, 매번 밥 사 주는 조종철 목사님, 가까운 곳에서 위로하는 많은 친구와 선배, 그리고 후배, 공덕 교회와 은천교회, 봉천교회에서 만난 교우님들을 포함해서 난 한없이 빚진 마음뿐이다. 끝으로 책이 나오기까지 큰 도움을 주신 분들과 샘솟 는기쁨 강영란 대표님에게도 고마움을 감추지 않는다.

저자 이성우

나 자신에게, 가정과 교회에서 하나님이 기뻐하시는 일은 무엇인가? 이것을 봉천교회에서는 '신앙'이라고 부른다.

이 책은 강화군 하점면 봉천교회 이야기이며, 70년 교회사의 압축파일이다. 신앙이 삶이고, 삶이 신앙이라고 여기는 교인들에게는 '생활신앙'이 있었다.

PART 1

하나님의
머나먼 계획

교회 이야기에서 알 수 있는 것은 무엇인가?

　한 교회 교인들이 겪은 일이나 사건에 관한 경험임에도 불구하고 말하는 이의 입장에 따라 내용이 달라진다. 내용 차이를 메꾸려는 노력으로 여러 교인 이야기를 더하고 빼는 수고를 통해, 듣는 이는 '아하, 그게 그렇구나!' 하며 좀 더 넓은 이해를 갖는다. 그렇게 만들어진 이야기는 실제 일어난 일에 가까운 내용이거나 사실이 아닐 수도 있다는 여지를 남겨두어야 한다. 당사자조차 알지 못할 때도 있다. 그렇다면 우리가 교회 이야기를 통해 알 수 있는 내용은 무엇인가?

　교회에는 여러 이야기들이 있다. 교회마다 그러한 이야기를 묶어 '○○교회사'라고 한다. 대체로 사람 중심의 기록이다. 누가 언제 무엇을 했다는 내용이다. 오래된 교회이거나 대형 교회일수록 목사나 남성 중심 기록이 많다. 그런 교회 역사 행간에 어쩌다 가장자리 교인들 이야기가 있곤 한다. 나는 그들을 '잊혀진 사람(the forgotten)'이라 부른다.

　기록된 역사는 사람과 사건에 관한 행적이면서 교회의 정형화된 신앙인 것처럼 강조한다. 그것을 기억해야 하는 것이 의무인 양 말한다. 그런 역사 만들기는 여전히 관심 대상이다. 그렇게 개교회 역사를 기억해야 하는 노력이 교회를 이해하는 데 도움이 될까? 미래 교회 혹은 교회의 미래를 준비하는데 어떤 실마리를 놓을 수 있을까?

한국 교회 초창기 전도 부인 이야기, 교회 성장 시기의 작은 교회, 교회마다 교인들이 힘을 합쳐 세워진 선교회 등 정형화된 신앙 밖에 가장자리에 놓인 신앙이 있다. 다수는 아닐지라도 그것을 기억하는 교인의 숨결은 기도로 이어져 남아 있곤 했다. 기록된 역사를 추종하는 이들의 힘에 밀려나지 않으려는 몸부림이 누구도 알지 못하는 하나님의 계획을 품게 되었을까?

교화를 위해 세워진 교회

1949년 7월 15일 강화 김병구 경찰서장이 하점면이 좌익분자가 많은 것은 타면(他面)에 비하여 교회가 적은 까닭이 아니냐 하여 당시 국회의원 윤재근에게 건의한 바 윤 의원은 기독교대한감리회 강화지방회에 요청하여 9월 20일 감리교단인 강화지방 교역자 회의에 건의하여 하점에 개척교회 설립을 결의하였다. 그러나 1950년 6·25 전쟁으로 뜻을 이루지 못했으며, 1950년 9월 27일 최종식이 피난차 강화에 있는 동안 강화지방 김영창 감리사의 권고로 하점에 전도사로 파송되었다.

1950년 10월 7일 강화경찰서에서는 이미 교회 신자 지익명을 하점 지서에 발령하여 6·25 당시 180명의 많은 월북자가 생긴 이 지역에 임시 하점초등학교 교실을 빌려 전도에 힘쓰던 중 최종식 전도사와 합류하여 내가면에 있는 윤옥상의 양조장인 하점면 신봉리 소재 이

층 양조장을 빌려 '하점교회'라 교명을 정하고 복음사업에 힘썼다.

1951년 3월 김포 주재 미기갑 1사단의 일부 소대가 하점면 면사무소 자리에 주둔하고 있으면서, 이곳 소속인 캘리포니아 출신 군목 쿠라브 츄리 중위의 도움으로 매주 월요일마다 나오는 구제품과 물심양면으로 도움을 받던 중 교회가 새 예배당을 건축할 것을 1951년 9월 11일 결의한다. 쿠라브 츄리 군목에게 협조를 요청한 바 1952년에 제대하고 미국에 들어간 그는 하점교회를 위하여 모금하여 540달러를 보내 그 돈을 기초로 기독교대한감리회 총리원에 복구비를 신청하였고, 25만 원을 받아 경자산과 봉천산에서 석재를 취재하여 건축하기에 이르렀다.

1955년 건축을 시작한 지 5년 만에 건평 54평의 아담한 석조 건물의 예배당이 우뚝 서게 되었다. 1966년에 교회 주택이 필요하여 당시·시가 5만 원에 하점초등학교 옆에 주택을 샀으며 여러 가지 불편한 문제가 생겨 1970년에 교인(임천모 권사)의 헌금을 기초로 하점교회 11대 담임 박준희 목사가 교회 옆에 7평짜리 주택을 블럭으로 지었으며, 오늘날에 이르러 복음을 전하게 되었다. 주택에 우물이 없어 어려움을 겪던 중 1974년 9월 10일에 완공을 보게 되었다. 교세가 확장되던 중 삼거리 교우들이 개척을 원함으로 지방의 협조를 얻어 1976년 12월 31일부로 분교를 개척한다.

이제 하점교회 아니, 봉천교회 이야기를 시작해 보자.[1] 위 인용문은 현재 봉천교회 담임목사에게 건네받은 자료이다. 교회 역사에 관련된 내용은 A4용지 3장이다. 70년이 된 교회의 역사 자료가 이것뿐이라니?

3장을 받는 순간, 뭘 어떻게 작성해야 할지 막막했다. 하지만 많은 교회가 봉천교회와 같이 교회사 자료가 남아 있지 않다. 비록 적은 분량이었으나 매우 중요한 단서들을 담고 있었다. 교회가 세워진 이유, 교회가 어떻게 건축되었는지, 그리고 교회가 어떤 갈등을 겪었는지에 관한 내용이었다.

한국전쟁 이전, 개성을 포함한 황해도 북위 38도선 아래는 남한 지역이었으므로 사람들의 왕래가 잦았다. 육로를 통해 개성에서 인천으로 가는 길보다 강화를 거쳐 바다로 가는 게 훨씬 수월했다고 한다. 하점면은 강화 북서쪽에 위치했는데, 황해도에 가까웠다. 공산주의 세력의 점령으로 인하여 많은 사람이 황해도를 떠나 강화로 피난한 상황이었다. 그들은 봉천산에 판자촌을 짓고 살면서, 물길이 잔잔할 때 수영해서 황해도를 오가곤 했다. 이 같은 상황이 인용문 첫 단락의 배경이다.

교회가 세워지려던 1949년 7월부터 교회가 세워진 1950년 9월 즈음 강화에서 있었던 일을 보면, 한국전쟁이 일어나기 직전까지 하점면 주민 다수가 월북했다. 전쟁 중에는 강화 교회 지도자들 25명이나 납치되기도 했다.

최종식이 하점교회로 파송된 다음 날인 1950년 9월 28일, 인천상륙작전으로 퇴각하던 북한군과 동조자가 하점면 창후리 강령뫼에서 지역주민 73명을 사살한 사건이 일어났다. 10월 10일 중공군 개입으로 강화는 다시 북한군에게 점령된다. 1951년 2월 강화는 재탈환되었고, 그해 7

---

1)   1978년 9월에 하점교회를 봉천교회로 개명하였다. 그 이유는 알 수 없다. 담임목사도 알지 못한다고 말한다. 아마도 추측하기로는 교회의 분열과 연관되리라 짐작한다.

월 전쟁이 소강 상태가 되고 휴전 회담이 시작되면서 강화를 떠난 이들이 돌아온다.

이런 정황을 본다면, 하점면에 "좌익분자가 많은" 지역이라고 한 위 인용문을 충분히 짐작할 수 있다. 강화 정착민 중에 공산주의를 피해 남하한 사람들이 있었다는 것도 알 수 있다. 사건이 일어나면 그것을 처리하는 기간이 더 걸리는 게 세상사이다. 감기에 걸려도 며칠간 아파야 하는 우리 몸이다. 그런데 전쟁으로 서로 죽이는 사건이 일어난 강화는 그 상처를 어떻게 치유했을까? 교회는 그것을 위해 무엇을 했는가.

황해도와 강화를 비교할 만한 에피소드가 있다. 2021년 2월 셋째 주일 오후, 예배당 보수 공사하는 교인들과 함께 교회 부근 식당에 갔다. 식단에 고수 나물이 반찬으로 나왔는데, 향신료로 쓰일 만큼 향과 맛이 강했다. 식탁에 앉은 사람들 중에 가장 연장자가 고수에 얽힌 이야기를 한다. 황해도 사람은 고수를 잘 먹는데, 강화 사람은 잘 먹지 않는다! 반찬 하나를 두고서 두 지역의 기호를 비교하고 있었다.

이렇듯 강화 토박이들은 강화도와 황해도를 비교하는데 익숙한 삶을 살아온 듯하다. 상대보다 우위를 점하려는 문화 체계로 70년 넘게 살았다면 억지스럽기도 하지만, 비교는 편견을 넘어 차별을 낳고, 갈등하면서 분열로 이어지곤 한다. 교회도 예외는 아니다. 봉천교회는 그 같은 이념적이고 문화적인 갈등의 토양 위에 생겨났다.

봉천교회는 당시 월남민을 '교화(敎化)'하는 목적으로 세워졌다. 교화는 너희 것을 버리고 우리 것을 강압적으로 받아들이게 한다. 북에서 내려온 최종식을 담임전도사로 세우고, 기독교인 경찰관 지익명과 함께 교회를 개척했다는 것은 그 의도를 뒷받침한다. 월남민이라는 처지가 같은 담임전도사를 세운 일도 그렇고, 좌익 세력이 강한 이곳에 기독교인 경찰관을 교회 개척에 동참하게 했다는 것도 시사하는 바가 크다.

여기서 질문하게 된다. 먼저 월남민들은 무슨 목적으로 교회에 출석하였을까? 기독교인 경찰관 지익명의 역할은 무엇인가? 최종식은 그들에게 어떻게 설교를 했을까? 조금 상상력을 발휘하여 질문의 답을 찾으려 한다. 우선 월남인은 '교인증'을 얻고자 교회에 출석했다. 교인증이 있는 것만으로도 좌익 낙인에서 벗어날 수 있던 시절이었다. 교인증이 지금의 주민등록증이라 해도 될 듯하다. 교인만 아니라 생존을 위해 하는 수 없이 교회에 출석했던 것이다.

봉천교회에 출석 교인수가 너무 많아 교회로 사용하던 양조장 2층이 무너지는 일도 있었다. 54평 석조 건물로 지었으나 부흥회 같은 특별 행사에는 4백 명 넘는 인원이 출석하는 바람에 예배당 밖에 앉기도 했다. 그러나 그 많은 교인들 중에는 교인증을 얻자마자 강화를 떠나는 사람들이 많았다.

교인증을 얻자마자 떠난 사람들에 대해 굳이 신앙이 아니라고 부정적으로 볼 필요는 없다. 해방과 한국전쟁 상황에서 강화라는 지역적 특수성을 고려한다면,[2] 사회 통합 기능이 교회 외 다른 방법이 없었다는 점을 주목해야 한다. 교회는 월남인들을 남한 사회에 동화하게 하는 기능을 담당하였다. 따라서 하점면에 좌익분자가 많은 이유가 교회가 없

---

[2] 월남인들이 교인증을 위해 교회에 출석했던 일은 강화에만 있었을까? 나는 아니라고 본다. 전쟁이 끝나고 휴전선 가까운 지역에 있었던 교회마다 일어난 현상이라 조심스럽게 추측해 본다. 그것에 관련된 연구 자료를 알지 못한다.

어서 그렇다고 판단할 만하다. 종교의 사회적 통합 기능 측면에서 타당한 주장이다.

해방 이후, 국가 이념이 제대로 정착하지 못한 신생국가 상황에서 종교는 국가 이념을 대신하는 '준-국가이념(semi-nationalism)'이 된다.[3] 교회가 정부를 대신하는 차원이라면 경찰관이 교회를 개척하는 일에 참여하는 것은 당연한 일이었다. 월남인들을 남한 사회에 동화하려는 목적에서 지익명이 참여했다는 것은 그의 역할이 무엇인지 쉽게 짐작할 수 있다. 그는 월남인들에게 교화를 제시하는 신앙의 모델이기도 하고, 한편으로는 그들 동향의 감시자이기도 했다.

이제 담임전도사 최종식의 설교 관점이다. 어떤 설교를 했을까? 월남을 어떻게 정의했는가에 따라 그의 설교 프레임을 추측할 수 있겠다. 만일 북한에서 남하한 것을 '지옥 탈출'이라 한다면, 하점교회에 출석하는 일은 남한 땅에 정착하고 생존하는 '천국 행진'일 것이다. 그들이 신앙인이 되어야만 북한인에서 남한인으로 거듭나는 일이 가능하고, 그것은 교회 출석부터 시작된다고 하겠다. 살기 위해 뭐든 해야만 하는 그들의 처지에서 교회 출석은 어떤 일보다 필요한 최선의 선택이었다.

교회 출석하여 교회가 하라는 대로 따르면 교인증을 얻는 상황이었으므로, 그들에게 교회는 천국 여정에서 반드시 거쳐야 할 일종의 연옥이었다. 교인증을 가지고 강화를 떠나는 그들에게 봉천교회는 간이역에 지나지 않았다. 그들에게 신실하고 믿음 좋은 신앙인이 되겠다거나 열

---

3)　　〈The Last Kingdom〉, 2015년 이후 영국 BBC에서 제작하여 넷플릭스를 통해 세계 전역에 방영된 텔레비전 드라마 시리즈이다. 영국의 건국 이야기를 담은 드라마는 기독교가 여러 부족을 통합하는 기능을 담당하는 내용을 잘 보여준다.

심 있는 교인이 되는 것은 생존 도구일 뿐이다. 분명, 이처럼 신앙이 도구화되는 토양은 봉천교회 문화로 정착하는 데 영향을 끼쳤으리라.

그 간이역 같았던 봉천교회를 지킨 이들은 강화 토박이들이었다. 월남인은 남아 있지 않았으며, 1950~60년대 교인들은 아무도 없다. 아마 1960년대를 지나면서 교회를 떠난 것으로 보인다. 현재 다수의 70대 교인과 두세 명의 80대 교인은 1970년대 이후 출석하였고, 일부는 1990년대 출석하기 시작했다. 따라서 교회가 세워질 무렵 출석한 이들이나 그들의 가족들에 대해 아는 교인이 없었다.

인터뷰하다가 듣게 된 후일담 중에는 전쟁통에 가족끼리 서로 죽이기도 했던 상흔도 있었다. 그러므로 봉천교회는 1970년대 이후 교인으로 다시 시작해야 했다. 지독한 분열에도 불구하고 정착한 교인들은 교회에서 반경 2km 이내 거주민들이었고, 교화를 위해 세워진 교회가 시대 흐름에 따라 지역 교회로 거듭났다. 하지만 이미 정착된 교회 문화는 쉽게 바뀌지 않았고, 복음이 도구화된 문화는 쉽게 사라지지 않았다.

미국의 원조로 지어진 교회

하점(봉천, 하점제일)교회는 6·25전쟁으로 황해도에서 피난온 최종식(崔宗植)을 전도사로 파송하고 하점면 신봉리에 소재한 윤옥상(尹玉相)의 양조장 2층을 빌려 복음 사업을 시작함으로 창립되었다. 최종식은 하점 구역을 담임하며 전도에 애쓴 결과 5년 후 1955년에 아담한 석조 건물(54평)을 건축하는 발전을 보였다.

하점면은 강화 지방에서도 가장 좌익 세력의 활동이 왕성한 곳이어서 교회가 발전하지 못한 지역이었는데 경찰서에서 특별히 교회 보호와 발전을 위해 파송된 지익명 순경의 역할이 컸다. 또한 미군목 크라부 츄리 목사도 교회 발전을 위해 지원하였다.

위 인용문은 이덕주가 쓴 『강화 기독교 백년사』에 있는 하점교회 관련 내용이다(448~449쪽). 앞서 인용한 봉천교회 담임목사에게서 건네 받은 내용과 별반 다르지 않다. 저자는 1950년에서 1967년 사이 강화에 세워진 교회(17개)의 사연을 소개한다. 봉천교회는 17개 교회에 포함되어 있지 않다. 정리하면, 'A는 분명한 사연으로 교회가 세워지길 기도하였고 그것에 감명받은 B는 물질을 헌납하여 교회가 세워졌다'는 기록이었다.

그 동기는 교회가 없던 마을이거나 출석하던 교회가 멀어 분가하는 형태이다. 교회가 세워진 사연에 주목한 이유는 교회 분열로 세워지지 않았고,[4] 교회를 먼저 세운 후 교인을 끌어모으는 형태[5]도 아니다. 교회가 세워지는 동기가 명백한 교회는 그렇지 않은 교회에 비하여 신앙의 토대가 잘 다져 있고, 내부 갈등도 덜하고, 교인들끼리 단합도 잘 되며, 어려움도 쉽게 극복할 수 있다. 갈등 해결 기준은 '우리는 무엇을 위해 교회를 세웠는가?'일 것이다.

전쟁이 끝날 무렵 봉천교회에 모인 사람들은 양조장 크기에도 수용

---

4)   1967년 강화에 있었던 감리회 교회들은 강화동지방과 강화서지방으로 나눠지면서 교회마다 분열이 잦아졌다는 점을 상기해본다.
5)   1980년대 중후반을 지나면서 강화에서도 교회 개척의 붐을 이룬다.

될 수 없을 만한 인원이었다. 김포에 주둔한 미육군 기갑사단의 일부 소대가 하점면으로 배치되면서 함께 온 쿠라브 츄리 군목은 월요일마다 교회로 구제품을 가져다주었다. 이것은 피난민들이 하점교회에 모인 또 다른 이유였다. 하점교회만이 아니라 그 무렵 교회마다 이 같은 일들이 흔했고 피난민들이 교회를 찾은 이유이기도 하다.

봉천교회는 본국으로 돌아간 츄리 군목이 보내준 540달러와 기독교 대한감리회 총리원에서 25만 원을 받아, 교회 건물을 건축한다. 1950년 9월 27일 시작한 건축은 1955년에 54평의 석조 건물을 세운다. 석조 건물이 건축될 무렵 강화에 45개 교회가 있었다. 건물 구조는 대다수 초가 목조(草家木造) 형태였다. 30평 미만 예배당이 32개였고, 50평 넘는 예배당 교회는 강화읍교회와 온수교회 두 곳이었다. 석조 건물로 건축된 하점교회 예배당 크기가 54평이었다는 것은 당시 하점교회에 출석 교인 숫자를 반영한다. 건축 후에도 예배당에 다 앉을 수 없어 밖에 앉았다고 전한다. 당시 하점교회는 강화에서 손꼽히는 큰 교회였다.

잦은 목회자의 이임

거리가 2km 정도 떨어진 모 교회를 두고, 마을 단위 교회를 건축하면서, 아마 씨족 공동체의 보이지 않는 알력이 있지 않았나 의심을 해 본다. 일례로, A씨 모든 문중이 교회를 다니는 것은 아니어서 주일에 A씨 집안 대소사가 있을 때, 낮 예배 후에 여타의 행사들의 어려움이 있을 법하다. 그런 연유로 확실하게 A씨 집안의 교회를 만들고자 하지 않았을까 추측하게 된다.

비록 그것이 교회 이름으로 되기는 했지만, 은퇴 장로들의 모습에서 모두 A씨 성을 가진 장로님들뿐이란 사실이 이를 뒷받침해 주며, 그러하기에 지역에서 교회 역할이 적지 않음도 보게 되었다. 현재까지도 마을 행사에 교회가 후원하고, 성탄절 같은 교회 행사에 마을 사람들이 헌금하는 모습은 마을과 교회의 연합체란 성격을 많이 느끼게 한다.

이는 교회가 지역 활동 중심지이고, 마을 단위 행사에서 중요 역할을 감당하는 사람들이 교회의 중심 인물인 점은, 교회와 지역 사회의 일치를 보여주며, 이는 씨족 공동체 교회의 특징일 수 있다. 그렇다고 공동체와 교회가 일치되었다는 것이 반드시 장점만은 아니다. 이는 종교 내적 갈등의 한 모습으로 모 교회에서 분리 개척이 진행되었다고 생각될 수도 있다.

위 인용문은 몇 해 전 내가 강의한 과목에서 한 학우가 제출한 과제물(자신이 속한 교회의 이야기) 일부이다. 위에 언급한 교회는 강화에 소재한다. 교회와 마을의 관계성을 설명하는 내용으로 모 교회에서 분립하여 새로운 교회가 개척된 동기를 씨족 공동체에서 찾았다는 점을 주목한다. 이것은 앞에서 교회가 세워지는 과정 - A는 분명한 사연으로 교회가 세워지길 기도했고 그것에 감명을 받은 B는 물질을 헌납하여 교회가 세워졌다 - 과는 다르다.

이 교회는 강화동지방과 강화서지방이 나눠진 이듬해에 세워졌다. 위 인용문은 교회가 세워진 다른 이유를 설명한다. 모 교회에서 2km 떨어진 마을에 다른 교회를 세운 이유는 거리가 멀어서가 아니다. 2km는 도보로 30분 거리이다. A씨 성(姓)으로 이루어진 마을에 교회를 세운 일은 씨족의 대소사를 관장하는 종교적 기관을 만들었다고 평가할 수 있다. 모 교회와의 마찰에서 밀려난 A씨 성 사람들이 자신의 씨족 교회를 만들어 새로운 종교 권력의 주인이 되었다고 하겠다.

봉천교회 연혁을 보면 20명의 목사와 전도사가 거쳐 갔는데, 현재 20대 담임목사 외에 19명의 임기를 보면, 7년을 넘긴 이는 초대 최종식 7년 3개월(1950년 9월 27일~1957년 12월 15일), 그리고 19대 ○○○은 7년 9개월(1987년 6월 20일~1995년 4월 2일)이 있다. 16대 ○○○은 4년 8개월(1977년 10월 9일~1982년 6월 15일), 11대 ○○○은 3년 10개월(1968년 6월 16일~1972년 4월 16일)이었다. 4명을 제외한 나머지 15명 임기는 2년도 채 되지 않았다. 12개월도 머물지 못하고 떠난 이들이 7명이며, 심지어 2개월만 머문 이도 있다. 연혁을 보면서 의문이 들지 않을 수 없었다. 대체 이렇게 임기를 끝내고 교회를 떠난 이유는 무엇인가? 그렇게 교체가 잦은 교회에서 현재 담임목사는 어떻게 26년이나 사역했을까?

봉천교회에 목사와 전도사의 교체가 일어난 이유를 정리하면, 감리회 신학교의 시대적 상황과 강화에서 감리교회 숫자의 증가, 그리고 봉천교회 건물 사정과 지리적 위치, 교회 내부 상황으로 나눌 수 있다. 감리회는 신학교가 세 곳이다. 처음 생겨난 서울 감리교신학대학교, 다음은 한국전쟁 이후 감리교대전신학교(현 목원대학교 신학부), 그리고 1977년 4월 연회별로 따로 있던 6개 신학교를 통합하여 세워진 협성신학교(현 협성대학교 신학부)가 있다.

그 당시 교회 숫자보다 목회자가 턱없이 부족한 상황에서 세워진 신학교들인지라 교육과정은 체계화되지 않았다. 1970년대에는 교회 장로가 연회가 지정한 신학교에서 공부하고 목사가 될 수 있던 시대였다. 목사 양성 교육과정은 1980년대를 지나며 체계를 갖추었고, 신학대학원을 졸업해야 목사 자격을 얻는 것으로 강화되었다.

현재 강화에는 감리교회가 100곳이 넘고 다른 교단 교회에 비해 절대다수를 차지하고 있으나 1950년대는 20여 교회뿐이었다. 거의 모든 교회가 목사 생계를 책임지지 못하는 상황인지라, 미자립 교회에 전도사가 부임하는 일은 허다했고, 자립 교회도 전도사가 부임하거나 안수받은 목사가 오기는 어려웠다. 봉천교회에 많은 교인이 있었으나 미자립 상태였고, 전도사들이 봉천교회 초창기 담임자로 파송받던 때였다.

1960년대 후반부터 강화에서 감리교회들이 새롭게 개척되었는데, 그것은 교회 내부 상황과 더불어 지방회가 동과 서 지방으로 나뉘고 남과 북 지방으로 나누는데, 교회 숫자 늘리는 시기와 맞물린다. 봉천교회도 그 같은 외적 요인으로 쪼개기 영향에서 벗어나지 못하였다. 내부적으로는 교인들끼리 서로 싸우고 또 싸우고, 갈라지고 또 갈라지는 일들이 교회 장래를 어둡게만 했으며, 삼거리교회로 떠나고, 차례로 이강리교회, 장정교회, 신봉(더사랑)교회, 영광교회로 분열되었다.

두 번째는 봉천교회 사택 사정이다. 54평짜리 예배당을 지었지만, 목회자 가족이 살아야 할 사택이 없었다. 교회 연혁을 보면 '1966년에 가서야 교회 주택이 필요하여 당시 시가 5만 원에 하점초등학교 옆 주택을 샀다'라고 되어 있다. 1955년에 교회가 세워지고 11년이 지나서 사택을 매입하였다. 그렇다면 최종식과 다음 목사 가족은 어디에서 어떻게 살았는지 궁금하다. 4~5년이 지나 교회 옆에 7평짜리 주택을 블럭으로 지었고, 1974년에 지하수 우물을 완공한다. 열악한 환경이었다. 1982년 24평짜리 교회 주택 건축을 시작하여 1994년 주택 봉헌식을 했다. 건축이 12년이 걸렸다는 말이 아니라, 그동안 주택 건축에 들어간 빚 청산을 끝냈다는 뜻이다.

정리하자면, 목회자 가족이 머무는 교회 사택 없이 지내다가 교회 뒤편 주택을 매입하여 사택으로 사용하였다. 그 후 우물도 없는 7평짜리 주택을 지었다는 말이다. 그동안 가족이 어떻게 살았는지 짐작할 만하다. 24평짜리 주택을 건축했지만 열악하기는 마찬가지다. 그러니 목사들이 장기간 목회하기가 힘들었을 것은 당연하다.[6] 가족이 살 수 있는 집다운 모양을 갖춘 시기는 현재 이재익 목사가 오기 전 대략 1990년대 초반이다.

세 번째, 교회의 지리적 위치이다. 봉천교회는 봉천산 줄기가 이어진 끝자락에 위치한다. 언덕 위에 지은 모양새다. 교회 주차장 아래는 옛 국도 48번 도로가 맞닿아 있으며, 교회 맞은편 아래에 서강화농협 본점이 있다. 강화 농협 본점 세 곳 중 하나이다. 교회 오른쪽에는 하점면 주민자치센터가 있으며, 새로 만들어진 48번 국도 하점 교차로에서 나오면 옛 48번 국도를 만나게 되는데 하점초등학교 바로 전에 하점파출소가 있다.

봉천교회는 하점면의 행정과 경제의 중심지에 위치한다. 이런 지역적 배경에서 보면, 지역에는 제법 큰 규모의 교회가 있을 만한데 봉천교

---

6)   신학대학 동기 중에도 1990년 초 교회를 개척했을 때 돼지우리를 개조하여 교회를 만들곤
      했으니 무슨 말을 할 수 있으랴만, 과거 목회자 가족의 생활이란 지금으로는 상상할 수 없
      을 만큼 열악하였다.

버스 BUS

하점면사무소

18, 25, 27,
30, 30A, 32

정류소 ID 43834

봉천교회 주차장 아래 버스정류장이 있고, 주민자치센터, 농협, 초등학교, 파출소가 있다. 하점면 행정과 경제 중심지에 교회가 있다.

회는 그렇지 못했다. 교회가 위치한 마을의 규모가 크지 않은 점도 있고, 집성촌에서 떠난 이들이 모여 생긴 마을이라는 점, 다른 마을에 비해 유락 시설이 많다는 점도 영향을 받았다. 여하튼 지역적 특성이 교회 성장에 도움이 되지 못하였다.

끝으로, 봉천교회 내부 상황이다. 봉천교회는 54평이라는 큰 건물로 세워져 겉으로는 성장한 교회 모습을 보였으나 월남인이 거쳐 가는 간이역 교회였다. 북한에서 내려온 많은 이들은 교인증을 얻자마자 교회를 떠났다. 밀물처럼 들어왔다 썰물처럼 떠난 자리에 강화가 고향이자 삶의 터전으로 남은 지역 주민이 교회의 교인이 되었다. 그중 이념의 갈등이 낳은 상혼으로 교인끼리 원수인 경우도 있었다.

그런 영향으로 인하여 신앙이 도구화된 문화는 교회를 지배하였다. 서로 하나가 될 수 없는 교인들에게 교회는 권력 다툼의 장이었고, 힘있는 사람에게 동조하지 않는 자들은 떠날 수밖에 없었다. 가지 많은 나무가 바람에 한없이 부러지듯이 교회는 늘 싸움판이었다. 더불어 "꼴에 할 건 다 해"라는 비아냥거림이 봉천교회를 비껴가지 않았다. 목회자의 윤리적 실패 같은 사건도 일어났다.

1970년대 이후 봉천교회에 더는 월남인이 남아 있지 않았다. 그들은 이미 강화를 거쳐 다른 곳으로 떠났고, 남은 이들 대다수가 지역 토착민이었다. 하지만 교회 문화는 쉽게 바뀌지 않았다. 신앙이 도구화된 문화에다가 교화 수단이 목적이 된 현상도 원인이겠으나, 짧은 기간 담임하다가 떠난 목회자에게도 책임이 있을 것이다. 거쳐 가는 교회라는 인상이 교인에게는 목사와의 신뢰를 쌓을 수 없는 토양을 만들었다고 해도 틀리지 않다.

목사 가족이 살기 힘든 주택 사정도 잦은 이임에 영향을 미쳤겠으나, 당시 상황을 본다면 교회 사택 사정은 봉천교회만의 문제는 아니었다. 한편 교회가 하점면 중심에 있었으나 결속력을 가지지 못하고 지역 도움을 얻지 못한 것은, 여러 성씨로 이루어진 마을 구성원 중에 덕망 있던 교인이나 경제력이 있는 교인이 없었다는 점도 그 원인이었을 것이다. 내부적으로 곪았던 사연도 그렇고, 유락 시절을 즐긴 교인도 적지 않았으므로 교회에 부정적 문화를 덧댈 수밖에 없었다.

결국 하점면 봉천교회는 늘 싸우는 교회, 언제 와서 언제 떠났는지 알 수 없는 교인들 이야기, 목사를 쫓아낸 교회라는 소문들로 무성했다. 교회는 복음을 전하기 위해 세워져야 하는데, 월남인을 남한 사회에 교화시키려는 목적으로 세웠다면, 대개의 개신교인 관점에서 "교회 맞아?" 하는 의문을 가지는 게 당연하다.

봉천교회는 교인이 헌금하여 세워야 한다는 보편적 개신교 신앙에 어긋난 교회였다. 그런데 어떻게 그런 교회에서 싹이 돋아났을까? 어떻게 꽃이 피어났을까? 이것을 하나님의 계획을 세워가는 사람들의 신앙이라 말하려 한다. 내가 봉천교회에 관해 책을 쓴 이유이다. 1970년대 이후 세워진 교회들이 앞으로 10년을 버텨내기 힘든데, 없어지는 게 당연해 보였던 교회가 앞으로 50년을 끄떡없이 버텨낼 수 있다니, 대체 봉천교회에 무슨 일이 있었나?

PART 2

하 나 님 께 서
변화를 말씀하실 때

위기의 시간에 숨겨진 힘

　교회 과거사에 관심을 가지고 듣는 이는 대체로 목사다. 그들이 새로운 교회에 부임하고 허니문 기간 동안,[7] 교인들은 지난날 자신이 겪은 경험을 새로 온 목사와 공유하려 한다. 교인에게는 목사가 연륜이 많든 그렇지 않든 자신의 교회에 출석하기 시작한 '신입자(newcomer)'이며, 그들의 이야기를 들어줘야 하는 '청취자(listener)'이다. 그들의 이야기를 잘 들어주고 공감하는 목사일수록 교회에 안정적으로 정착할 기회가 잦아지고 교인들과의 친화력이 가파르게 높아진다.

　교인들의 이야기에는 흥미로운 점이 있다. 교인이 직접 겪은 경험이더라도 그 내용은 드러내고 싶은 내용과 감추고 싶은 내용이 함께 있다. 교인끼리 서로 같이 경험한 일인데도 '그것을 말하는 이'에 따라 내용이 달라진다. 누구에게는 드러내고 싶은 이야기이고, 누구에게는 숨겨야 하는 이야기이다. 자랑과 상처를 가르는 기준은 힘[8]이 누구에게 있는가

---

7)　　목사가 새로 부임했을 때, 교인들이 목사와의 불편함이나 목사의 실수 등을 눈감아 주는 기간을 뜻한다. 그 기간은 교회마다 다르다. 대략 6개월에서 18개월 정도이다. 길어도 2년을 넘지 않는다. 기간이 길수록 교회는 건강한 편이다. 짧을수록 교회 내 갈등이나 충돌이 잦다.

하는 데 있다.

그 힘은 교인이 교회 출석 기간, 역할과 활동, 직분 등에서 생겨난다. 신앙생활도 힘을 만드는 일부이다. 교회를 움직이는 힘을 가진 교인은 드러난 실체와 숨겨진 실체로 나눠진다. 전자를 '드러난 힘(revealed power)'이라 부르고, 후자를 '숨겨진 힘(hidden power)'이라 부른다면, 전자는 평소 일상적인 교회생활에서 누구에게 힘이 있는지 쉽게 알 수 있다. 성별·직분·나이·경제력 등이 그 힘에 영향을 끼친다. 반면 숨겨진 힘은 평소 잘 드러나지 않으며, 누구에게 힘이 있는지 알 수 없다. 숨겨진 힘을 가진 자가 드러난 힘을 가진 자이기도 하다. 예를 들면, 새로 부임한 목사를 찾아오는 대다수 교인은 드러난 힘을 가진 자이거나 드러난 힘을 가지려는 자이다. 숨겨진 힘을 가진 자는 신입 목사를 방문하여 자신의 이야기를 펼치는 예는 많지 않다. 숨겨진 힘을 가진 자는 평소보다 특정 상황에서 힘을 발휘한다.

교회가 어떤 이유로 갈등이 생겨 위기에 처할 때, 숨겨진 힘을 가진 자는 신앙의 원리에 따라 교회가 마땅히 가야 하는 방향을 제시한다. 교회는 그로 인하여 위기를 극복하기도 한다. 결과가 좋고 나쁨을 떠나서, 그 같은 위기를 겪은 교회는 어떻게 숨겨진 힘을 받아들이는가 하는 데있다. 교인들이 그 힘을 하나님의 손길로 인식하고 받아들인다면, 교회는 위기에서 살아남을 뿐 아니라 새로워지는 가능성을 '배태'한다.

---

8)   여기에서 힘은 교회 내에서 특정 교인의 권위와 권력을 뜻한다. 여기에서 권위와 권력을 나누지 않는다. 동전의 양면과 같다. 어느 것이 어떻게 사용되는지는 교회마다 다르며 같은 교회에서도 상황에 따라 달라진다.

리더십의 충돌

1950년에 세워지고 반세기를 거치는 동안 봉천교회는 이구동성 늘 싸우는 교회라고 했다. 교회가 5번에 걸쳐 갈라지면서 떠난 교인들은 하점면에 다른 교회를 세웠다. 과거 면사무소 주변 어디나 다방이나 술집이 있었고, 이러한 유흥가를 이용하는 교인이 없었을까? 1970~80년대 담임목사들은 술 취한 이를 리어카에 실어 집에 데려다주기도 했다. 지금은 상상할 수 없지만, 흔한 일이었다. 그곳에는 반드시 주폭이 있었다. 만취 상태에서 상습적으로 가족이나 이웃에게 힘자랑을 해서 폭력을 피해 가족들은 교회에 머물기도 했다.

싸움질만 하는 교회, 가정에서 주폭을 일삼는 사람들이 다니는 교회에 누가 가고 싶을까? 싸우면 갈라지는 교회에 누가 머물려고 할까? 5번에 걸친 분열로 교회 안에는 떠날 사람은 떠나고 교인을 원하는 사람이 없던 교회, 앞문이 닫히고 뒷문도 닫힌 교회가 되고 말았다. 또한 1970년대 많은 청소년이 졸업과 동시에 강화를 떠나고, 이곳 청소년도 그렇게 떠났다. 이제 교회는 1990년 이후 교회를 다니기 시작한 주민이 새로운 교인이었다.

봉천교회 안에서 목사는 힘있는 평신도 리더의 영향력에서 벗어나지 못하였다. 담임목사의 잦은 교체가 이를 반영한다. 교회의 시대적 상황, 교회 사택 상황, 교회의 지리적 위치, 특수 목적의 교회 설립, 그리고 잦은 목사 교체라는 이유로 교회 상황을 설명하였으나, 이제 좀 더 깊이 있는 문제로 목사가 자주 바뀐 이유를 설명하려 한다.

이것은 교회 내 평신도 리더와 목사 사이에 일어나는 리더십 충돌이다. 나는 뼈있는 농담으로 "오래된 교회에는 예수님보다 먼저 된 교인이 있는데"라고 말하곤 한다. 잇는 말로 "목사 여러분은 새로 부임한 교회에서는 신입 멤버입니다. 예수님보다 먼저 된 교인(의 힘)을 인정하지 않는다면, 허니문에도 교인들에게 심한 저항을 겪습니다. 교회를 움직이는 사람이 누구인지를 파악하셔야 하고, 허니문에는 힘있는 교인과 충돌을 일으키지 않아야 합니다"라고 부언한다.

실제로 그 같은 조언을 귀담아 듣는 목사는 많지 않다. 그들은 그런 상황에 부닥치면 모욕감을 느끼며 참아낸다. 모욕을 느끼는 이유는 무엇일까? 한국 교회의 목사는 여러 면에서 평신도보다 우월하다는 의식이 강하다는 데 기인한다. '감히 나에게 덤벼?' 하는 목사의 감정적 대항이다. 교회의 많은 일이 목사의 견해에 따라 결정되다 보니, 그들은 책임 의식이 강할 뿐더러 교회의 크고 작은 일들 거의 모두 독자적으로 결정하고 실행한다.

그들은 당연히 목사의 몫이라 주장하고, 평신도도 그렇게 간주한다. 그러기에 회의에서 평신도는 목사가 알아서 처리해주길 바라며 결정을 떠밀기도 한다. 교회 규모에 따라 차이가 있겠으나, 대체로 교인 200명 이하 교회에서 이 같은 경향이 강하다.

교회의 오랜 관행에서 목사와 평신도는 교회의 대소사를 목사의 일이라 여겨 왔다. 하지만 교회 내부를 보면 그렇지 않다. 특히 교인 100명 미만 교회나 더 적은 교회일수록 평신도 영향력은 목사보다 훨씬 강하다. 대체로 이런 교회 교인은 가족으로 구성될 가능성이 커 '가족교회(family church)'라 부른다.

가족교회일수록 교회는 가족 중심으로 움직인다. 만일 집안 어른이 평신도 리더[9]일 경우, 그는 교회 결정권자[10]이고 목사는 그의 대리인이 된다. 이렇게 말하면, 많은 이들이 불편하겠으나 틀린 말이 아니다. 젊은 목사일수록 이 같은 경험을 겪게 될 때, 평신도 리더는 목사의 아버지 같은 연령대 사람일 가능성이 크다. 봉천교회 이재익 담임목사도 같은 경험을 겪었다.

평신도 리더는 아들 같은 젊은 목사가 부임하고 나면 길들이기 시작한다. 리더는 목사를 자기 집에 초대하여 함께 식사하면서 교회 역사를 말해준다. 그의 이야기는 본인 중심의 해석이지만 교회의 기준임을 강조한다. 그것과 다른 관점을 제기하거나 따르지 않을 때, 리더는 교인들을 동원하여 예배의 분위기를 망치거나 모임에 참석하지 않도록 부추긴다. 목사를 향한 자잘한 나쁜 소문을 만들어 교회 내부와 지역 사회에 횡횡하게 만든다. 그 같은 일들은 목사가 부임하고 나서 대체로 6개월에서 1년 사이에 생겨나며, 그것에 대처하는 목사의 반응은 길들여지거나 떠나거나 둘 중 하나이다. 길들여지더라도 3~4년 정도 버텨내면 다행이다. 이런 충돌은 목사와 평신도 리더 사이에 어느 한쪽이 떠나야 해결된다. 봉천교회는 목사가 떠남으로 해결되었고, 그 같은 일로 목사 이임이 반복적으로 혹은 주기적으로 생겨났다.

이재익 목사와의 인터뷰에서 나는 리더십 문제를 제기하고 어떻게 극복했는지 물었다. 그는 자신이 겪은 이야기를 하면서 눈시울이 붉어

---

9) 평신도 리더라 하는 이유는 높은 직분인 장로가 리더인 교회가 있고 그렇지 않은 예도 있다. 여성의 경우 장로가 아닌 권사일 때도 있다.

10) 남성일 때 '가부장(patriarch)', 여성은 '여가장(matriarch)'이라 부른다.

지기도 하였다. 의미 있는 이야기가 있었다. 한 권사님이 자신은 목사 편이라는 말로 힘을 실어주었다고 한다.[11] 그것은 한순간 위로가 되었으나 해결책이 아니다. 예배마다 맨 앞에 앉아 팔짱을 끼고 목사를 째려보는 눈들, 설교를 시작하자마자 헛기침 하는 소리, 예배를 마치고 악수하기 위해 내미는 목사 손을 치는 과격한 행동 등. 이런저런 행동으로 목사가 버텨내지 못하게 만든다. 목사만 아니라 아내나 자녀에게 그 같은 행동을 서슴지 않았다.

친구에게 그런 이야기를 들으면서 가슴이 먹먹해졌고 숨이 막혔다. 이런 이야기는 목사의 애환이자 겪지 않은 목사가 없을 정도다. 정도가 심하냐 그렇지 않냐 하는 차이일 뿐이다. 인터뷰에서 이재익 목사는 그 상황에 있던 자신을 '바지사장'이라 표현하였다. 허울뿐인 목사로 지내야 하는 현실을 뜻한다. 평신도 리더가 원하는 대로 움직여야 하는데, 잦은 충돌이 발생하면서 부임한 지 1년 반이 지나면서 그를 쫓아내려는 시도들이 벌어졌고, 그도 떠나려 했다고 한다.

여기에서 하나 짚고 넘어가야 하는 점이 있다. 이재익 목사는 강화 망월교회 출신이다. 망월교회와 봉천교회 둘 다 하점면에 있다. 청소년 시절, 그는 봉천교회에서 열린 부흥회도 참석했다고 한다. 아버지는 망월교회 장로였다. 부모도 봉천교회 사정을 훤히 알고 있었다고 해도 과언이 아니다. 봉천교회 리더와도 친분이 있었다. 그는 누구보다 봉천교

---

11)   교회에서 리더십 충돌이 일어나면 양측을 지지하는 이들이 생겨나고, 그렇지 않은 방관자도 생겨난다. 방관자는 상황을 지켜보면서 한쪽에게 힘을 실어주는 말이나 행동을 하게된다. 그것이 교회의 정체성에 관련된 것이라면 충돌을 극복하는 계기로 작용한다. 그렇지 않고 한쪽을 지지하는 것이라면, 충돌은 좀처럼 해결되지 않는다. 양측을 중재하는 일은 극히 힘들어진다.

회를 잘 알고 있던 목사였다. 그런 그가 쫓겨나는 상황에 부딪치게 된다.

교회에서 쫓겨나는 상황에서 이재익 목사는 "나를 추방하려던 부부가 영적 지도자로 지방회에서 칭찬이 자자했지만 힘들었다"라고 말한다. 그리고는 "나의 어머니도 영적이고 신유 은사도 있었는데 가족이 보는 어머니는 성질이 대단하신 분"이라 하였다. 이런 통한의 고통에서 "이분들이 사용하는 '영적'이라는 말을 받아들일 수 없었다"라고 하면서, 신앙생활이 무엇인지를 되돌아보게 되었다고 한다. 교회 출석 잘하고, 헌금 잘하는, 그리고 목사에게 잘하는 모습이 신앙인의 도리인지를 자신에게 묻게 되면서, 전통적인 목사 이미지에 금이 가기 시작하였다. 그는 목사로서의 정체성에 전환점을 대면하는 순간을 맞이하였다. 그것은 청빙이라는 사건으로 다가왔다.

청빙, 목사라면 누구나 기다리는 순간이다. 나는 목회를 '징검다리'로 비유한다. 목회의 연수가 늘어나면서 작은 교회에서 큰 교회로 옮겨가는 형태를 뜻한다. 시골에서 목회하는 이가 중소 도시를 거쳐 대도시로 옮겨가는 것도 마찬가지다. 그것을 거부한 이도 있으나 대다수 목사는 따르고 있다. 돌발적인 변수인 세습으로 인하여 징검다리 목회가 막히기도 했으나 지금도 그 형태에서 벗어나지 않는다.

이재익 목사에게도 타 교회 청빙이 왔다. 봉천교회보다 몇 배 큰 교회였고 그는 가려 했다고 한다. 하지만 그를 막는 힘에 끌려 기도해 보겠다고 대답했다. 새벽기도회에서 기도하는 그에게 "의인 10명이 없어 소돔과 고모라가 망했냐"는 음성이 들렸다. "큰 교회에서 그 일을 하는 게 아니라 여기 있는 성도를 하나님께서 찾으시는 사람으로, 소돔과 고모라의 의인 1명을 세우는 것이 진정으로 내가 기뻐하는 목회다"라는 하나님의 음성을 들었다. 눈을 떠보니 기도 시간은 겨우 5분 지났더라고 웃으면서 말하였다.

5분 기도 경험으로 이재익 목사는 봉천에서 은퇴하겠다는 마음을 먹었다. 여태 그가 중요하게 여기고, 그를 지배하던 책들을 버림으로써 시작하였다. 사람의 근본을 바꾸지 못하는 책들에서 겨우 건져낸 것은 오직 성경과 몇 권의 책이었다.

그는 성경으로 돌아가자고 했다. 그래서 '교회에 모인 사람들을 관리하기 위해' 필요했던 책들을 2.5톤 트럭에 실어 버렸다. 예배에 빠지지 않아야 하고, 주일성수를 잘 지켜야 하고, 목사를 잘 섬겨야 하는 게 신앙생활이라 배웠던 목회에 저항하고자 하는 그의 처절한 몸부림이었다. 자신의 신앙이 성경에 터 잡지 못했다는 깨우침도 당연한 일이었다.

가정교회와의 만남

그때까지 이재익 목사가 찾아다녔던 여러 성경공부 프로그램에서는, '많이 아는 것'이 중요하다고 가르쳤다. 성경 내용을 많이 알고 그것을 기준 삼아 옳고 그름으로 살아간다면, 교회생활이나 가정생활에 도움이 된다는 내용이다. 하지만 그렇지 않다는 것을 교인으로부터 깨달았다.

이것에 대해 그는 이렇게 말한다, "교인들에게 제자 훈련을 소개하였더니, 가정에서 다툼이 더 많았다. (한 교인은) 옳은 일을 하는데 (남편에게서) 무시만 받는다고 불평하였다. 제자 훈련의 한계를 느꼈는지 (그 교인은) 성경공부를 포기하더라." 그 경험을 통하여 그는 제자 훈련이 도시 교인을 대상으로 만들어진 성경교육 프로그램으로 농촌 현실에 적용하는 데 한계가 있다는 것을 깨닫는다. 또한 많이 아는 지식으로 사람이 바뀌지 않는다는 사실도 깨달았다.

그렇게 좌충우돌하는 이재익 목사에게 후배 목사가 찾아와서 '가정교회' 목회를 아느냐고 물었다. 그때가 2006년도였다. 그동안 여러 세미나를 찾아다녔던 그에게 가정교회는 처음 듣는 말이었다. 후배 목사의 물음은 그가 가정교회 세미나를 참석하는 계기가 되었다. 그곳에서 충격을 받았다고 한다. '성경대로 살아보자. 하나님께서 하라시면 하고, 하지 말라면 하지 않는다'라는 가정교회 모토에서 자신이 찾던 샘플을 보았다. "(성경공부 프로그램들은) 천 가지 만 가지 알면 (사람이) 바뀐다고 가르쳤는데, 아니다. 한 가지만 알면 그것을 나누고 삶에 적용하여 실천해보자"라는 방향으로 전환하게 되었다. 그는 가정교회 세미나와 다른 세미나들의 가장 큰 차이가 많이 아는 것보다 '하나를 실천하자'는 데 있다고 평가한다.

그런 변화에 교인의 반응은 시큰둥하였다. 성경대로 살자는 이재익 목사 주장에 교인들이 보인 태도는 간단하였다. 교회에서 더는 싸우지 않고 좋은데, 교회에 오면 신나고 재미있는데, 뭘 더하자는 건지 납득할 수 없다는 태도였다. 자기네를 편가르지 않고 한결같이 대해주는 목사로 인하여 교회생활이 즐겁기만 한 교인들에게, 이재익 목사의 성경대로 살자는 주장은 닿달하는 모양이지 않았을까?

봉천교인들의 생활적 여건은 녹록하지 않다. 교인 대다수는 맞벌이 부부였고, 경제적으로 안정적이지 않았다. 하루 벌어 하루 먹고 사는 이들이고, 물려받은 재산도 없었다. 그들 삶에서는 교회생활에 많은 시간을 허락할 수 없었다. 주일에 출석하는 것이 힘든 이도 있었다. 성경대로 살자는 이재익 목사의 말은 먹고사는 일로 고단한 그들을 더 피곤하게 하는 일이었다.

저항은 이재익 목사가 믿던 교인으로부터 시작되었다. 교회생활이나 어느 조직이든 리더의 주장에 맞서는 이들은 내부 핵심 멤버이다. 교회 속회에서 잡음은 장난이 아니었다. 10년 넘도록 교회에서 모였던 속회에서 음식 장만을 도왔던 이들은 준비하면서 서로 충돌이 잦았다. 그로 인해 이재익 목사 아내도 지쳐 있었다.

새로운 모임의 필요성을 느끼면서 교회에 모이려는 계획을 고상부 장로네로 바꿔 모이게 되었다. 이재익 목사와의 인터뷰에서, 이때 모임 장소 변경을 '하나님의 계획'이라 하였다. 더는 교회에서 모일 수 없는 상황에서 일어난 일이지만 결국 교인들의 변화가 일어난 전환점이었다. 경제적으로 넉넉하지 않은 장로네 현실에서 매주 모임에 참석하는 이들에게 한 끼 음식을 준비하는 일은 부담 그 자체였다. 고상부 장로와 한성자 권사 부부 인터뷰에서, 그들은 그때 경험을 이렇게 말한다.

> 가정적으로 어렵고 경제적으로 힘든 상황에서 수요일쯤 되면, 통장에 없던 돈이 생기게 되었고, 그 돈으로 음식을 장만하여 금요일 교인들과 함께 풍족한 음식을 대접하는 기쁨을 가지게 되었다.

그 같은 일이 가능한 것은 고 장로 성품 때문이다. 그는 아내를 만나기 전 교회를 다니지 않았다. 결혼해서도 교회와는 거리를 둔 생활을 즐겼다. 그해 겨울, 수요일 저녁 예배에 참석하려는 아내를 교회에 데려주고 교회에서 5분 거리의 처가에서 쉬려 했다. 그런데 장모님이 집에 없었다. 어쩔 수 없이 수요예배에 참석하였는데, 이재익 목사가 뜬금없이 "다음 주일부터 교회에 나오시는 거죠?" 하더란다. 그는 얼떨결에 "예"라고 대답했다. 그래서 교회를 다니기 시작한 그였지만, 참 올곧은 성품이어서 자신이 옳다고 믿는 것을 받아들이는 성격이었다. 보수적이지만 성실하고 헌신적이지만 고집이 센 편이다. 그의 순종적인 성품은 아내의 반대를 무릅쓰고 목사의 모임 제안을 받아들이게 되었다.

사실 목사의 제안을 받아들이기 어려운 사정은 경제적인 여건만이 아니었다. 가족 안에 깃든 어두운 그림자는 늘 부부 사이 그리고 자식과의 관계를 힘들게 하던 상황이었다. 그 환경에서 매주 교인들과 함께 반나절이나 보낸다는 것은 버거운 일이었다. 이런 일에는 아내의 결단이 필요하였다.

한 권사는 봉천교회 토박이였다. 어릴 때부터 교회를 다녔고, 그의 형제들도 교회를 다녔다. 그에게 교회는 어린 시절 힘든 가정환경에서 숨통을 트여주는 공간이었으며, 가정에서 나쁜 일이 생기면 교회에 피해 있기도 했다. 그와 함께 교회를 다녔던 교회 선후배들 모두 성장하여 교회를 떠났고 혼자 남아 있던 상황이었다.

그 무렵 교회를 착실히 다니는 교인들은 20대 후반에서 30대, 그리고 40대 초반이었다. 최근 결혼한 이도 있고, 유치원생이나 초등학교 자녀를 둔 부모들이었다. 그들 형편으로는 목장 모임을 할 여건이 되지 않았다. 고 장로네 아니면 모일 곳도 없었다. 결국 한 권사는 가정 형편과 교회 형편 사이에서 교회 일을 책임져야 하는 상황을 외면하지 않았다. 그렇게 시작한 모임은 교회 변화를 향한 행진이 되었다.

원형목장

　1980년 정부의 대학 정원 확대 정책으로 많은 예비 신학생이 신학대학에 입학하였다. 그 인원은 학교마다 이전 정원의 두세 배였다. 교회가 그들을 수용할 채비를 전혀 갖추지 않은 상태에서, 그들은 경제 성장과 궤(軌)를 같이하는 교회의 확장에 첨병으로 사용되었다. 내가 아는 한 선배는 그 무렵 자신의 개척 상황을 "끓여 놓은 주전자를 놓고 대피하는 형세"였다고 표현하였다. 그들은 어느 곳이든 교회를 개척하였고, 개척에 성공하는 이와 실패하는 이로 평가될 뿐이었다.

　그런 흐름에 봉천교회도 영향을 받았다. 이재익 목사가 부임하기 전, 봉천교회도 이미 다섯 차례 갈라졌다. 다르게 말하면, 50~60명 모이는 교회에서 10여 명씩 빠져나갔다는 뜻이다. 분열을 거치면서 교인들만 줄어든 것이 아니었다. 평신도 리더의 영향력도 약해졌고, 시간이 흐르면서 그들의 나이도 들었다.

　교인들은 앞으로 일어날 변화가 무엇일지 어느 한 사람도 예상하지 못한 채 원형목장 모임 제안을 수용했고, 이것은 지금의 봉천교회 모습이 되게 하는 플랫폼이었다. 우선 드러난 내용으로 목사 리더십을 세운 사건이다. 이재익 목사는 강화 토박이이자 하점면, 그리고 망월교회 출신이었다. 과장해서 말하면, 봉천에서 그는 '가족'이었고, 나이든 교인에게는 내 새끼였다. 젊은 교인에게는 형이자 오빠였다.

　그는 목사이기 전에 가족이므로 남녀노소를 불문하고 교인 모두에게는 마치 혈연이라는 강력한 친화력이 생겼다고 해도 틀리지 않았다. 이제는 달라졌다. 이전 목사들과의 충돌과는 다르게, 과거에는 외지인 목사와 가족과의 충돌이었다면, 지금은 아버지와 아들의 충돌로 비쳤다.

목사가 바지사장으로 있기를 거부하는 상황은 리더십 전환을 요구하는 교인들의 기대와 맞물렸다. 교인들은 늘 이래라저래라 잔소리만하는 아버지 같은 평신도 리더가 싫었다. 여태 쌓여 있던 그들의 불만은 시간이 지나면서 차츰 아들에게 힘을 실어주는 형국이었다. 충돌을 관망하던 교인들도 하나씩 아들에게 다가갔다.

그들은 이전 목사와 다른 모습으로 목회하는 이재익 목사를 좋아하고 있었다. 위에서 내려다보는 듯한 목사 스타일이 아닌, 교인 옆에서 살갑게 챙겨주곤 해서 차츰 더 끌리게 되었다.

그러나 더는 아들이 아닌 목사로 그 교회 리더로 세워지는 사건이 일어났다. 바로 원형목장 모임에서였다. 교회 큰 언니 한성자 권사 집에서 목사의 말을 듣는 사건으로 드러났다. 교회에 남은 토박이 중에 나이가 많은 이가 한성자 권사였다. 그 무렵 그는 30대 후반이었고 이재익 목사는 그보다 서너 살이 더 많았다. 부모 세대를 제외하고 열심을 내는 교인 중에 한 권사는 교회 안에서 구심점 역할을 해주었다.

그런 그가 이재익 목사의 제안을 받아들였다는 점은 다른 교인들에게 목사의 리더십이 세워지는 일로 파급되었다. 정리하면, 바지사장과 다른 모습을 보여준 이재익 목사의 리더십을 경험하는 교인들에게, 원형목장 모임 장소 수락은 차후 목사와 평신도 리더십에서 역할이나 기능의 분화를 경험하는 원형 사건으로 자리매김한다.

두 번째는 원형목장이라는 모임 성격에 주목한다. 한성자 권사네 집에서 모임을 갖게 되면서 누나네, 언니네, 이웃집에 놀러 가는 분위기였다. 그 무렵 교인들은 목장이 뭔지 몰랐기에 그리 과장된 표현이 아니다. 더불어 누가 모였는지를 안다면 이 평가는 더욱 타당하다.

이재익 목사가 부임하고 나서 교회 안에 찬양단이나 성경공부 등 새로운 활동이 생겨났다. 이전에 없던 활동인지라 교인들의 재미가 쏠쏠했고, 과거와는 달랐으므로 적극적으로 참여하였다. 그러나 목장의 경우는 달랐다. 어른은 물론 유치원 아이부터 중학생까지 모두 20여 명이 모이곤 해서, 목장 모임인지 가족 모임인지 모호하였다.

여기에서 강조하고자 하는 것은 원형목장에서 열정적으로 나눈 대화보다 서로 깊은 유대감을 만들어 갔다는 점이다. 교회 안에서 지속적으로 싸우는 모습을 봐 온 그들에게 자신이 겪었거나 겪은 형편을 나누며 생채기를 서로 보듬는 경험으로 나아갈 수 있었다.

서로 힘을 실어주는 말 한마디가 아프고 지치고 닫힌 마음을 부드럽게 열어 보이게 했다. 달라지는 모습을 체득하면서 피보다 짙은 공동체가 되어 갔다. 정리하면, 원형목장은 심리적 안정감을 제공한 공간이자 반목으로 얼룩진 과거의 관계에서 벗어나 서로 하나 되는 신뢰를 쌓아가는 연대의 공간이었다. 원형목장이 성공한 내부적 동기라 하겠다.

세 번째로, 원형목장의 시간은 상처를 치유하는 시간이다. 목사와 평신도 리더와의 충돌, 평신도 리더가 떠나면서 생긴 상처들을 원형목장에서 치유받을 수 있었다. 리더십의 충돌을 겪은 교회에 승자도 패자도 있을 리 없다. 모두 피해자이다. 떠난 이는 떠난 대가를 치르고, 남은 이는 남은 대가를 치러야 하며, 지켜본 이들도 예외가 아니다.

그들 모두에게 하나님을 외면한 심리적 불안만 남을 뿐이다. 자칫 충돌의 상흔 안에 자신을 묻어버린다. 그런 일이 언제 있었냐는 듯이 '모른다' 혹은 '없었다'라는 의도적 지워버림으로 정화되고 누구도 그 일을 입 밖에 내놓지 않는다. 남은 것은 서로를 향한 불신, 불신은 잘 지워지지 않는 묵은 때와 같다. 교인이 떠나거나 교회가 분열된 원인은 대체로 묵은 불신에서 비롯된다.

'가재는 게 편'이라는 속담이 있다. 이것을 인용하는 데는 교인과 목사 관계는 넘을 수 없는 벽이 있다는 점이다. 이 관계에서 좋은 시절이 끝나면 서로 묵은 때만 보인다. 그러면 목사와 교인 사이에 나쁜 관계가 확산하고 발전하면서 교회는 불신의 관행이 반복된다. 그 관행을 끊는 전환점이 있어야 한다. 봉천교회는 그것이 원형목장이다. 목장 모임은 교인과 교인 사이, 목사와 교인 사이 묵은 때를 씻는 비누 같은 기능을 해주었다.

이재익 목사와의 충돌로 떠난 리더는 교인 편에서 보면 먼 친척이고, 가까운 이웃이며, 오랫동안 교회를 지켜온 사람이었다. 그가 교회를 떠나자 교인들은 목사와의 관계를 새로 다져 가야 하는 시간이 주어졌다. 젊고 열정적이고 헌신하는 목사지만 아무튼 거리를 두어야 하는 목사였다. 어떻게 우리 목사를 신뢰하지? 이 물음에 교인들 스스로 답을 해야 했다.

이재익 목사도 다르지 않았다. 리더십의 충돌을 겪은 후, 그 또한 힘든 삶을 이어가고 있었다. 자신과 가족을 힘들게 한 교인들을 아무 일 없었다는 듯이 만나기란 쉽지 않았다. 주일마다 그들과의 만남에서 통한의 깨달음이 이어졌다.

그는 '믿음의 사람'이라는 말에 회의를 갖게 되었고, 교회생활이 사람을 바꾸지 못하는 현실을 직시했다. 교회에 열심히 다닌다고 해서 사람이 바뀌지 않는다. 그는 교회 중심의 삶이 아닌 성경을 실천하는 데로 전환하게 된다. 그것이 가정교회의 삶공부를 받아들이는 동기였다. 목장 모임은 삶을 바꿔보자는 그의 강한 의지에서 시작되었다. 자정을 넘기면서 꼬리를 물고서 나눈 내용은 어떻게 살아야 하는가에 맞춰져 있었다. 철학적이거나 신학적 내용이 아니었다. 부부 사이 갈등은 어떻게 해결할 것인가? 자녀와의 문제를 어떻게 하나? 구체적이고 현실적인 내용이었다. 그러자 서서히 문제가 풀리기 시작하였다. 묵은 때인 불신이 하나씩 닦여지고 있었다.

교인이 이재익 목사를 향한 불신, 그리고 이재익 목사가 교인을 향한 불신이 서로를 향한 신뢰로 바뀌어 갔다. 자신의 허물을 스스럼없이 이야기하는 이재익 목사의 모습에서 신뢰의 싹이 텄다면, 목장에서 나온 이야기를 실천하는 목사에게 교인들의 신뢰가 쌓이게 되었다. 변화되는 교인에게 목사 또한 신뢰를 보냈다. 원형목장은 리더십의 충돌이 낳은 불신에서 벗어나는 치유의 공간이었다. 서로를 향해 신뢰의 싹을 틔운 모판이었다.

원형목장을 거친 교인의 생활이 변화되기 시작하였다. 이것은 원형목장을 받아들인 교인이 겪은 농촌 문화의 변화였다. 이재익 목사가 봉천교회에 부임한 1995년 4월 5일, 그 무렵은 농촌 환경에서 하나의 문화가 저물고 새로운 문화적 패러다임로 전환되던 시기였다. 지역마다 다르겠으나 1990년대를 거치면서 2000년을 지나 문화적 전환점의 시기라고 평가할 수 있다. 영농법에서도 기계화가 붐을 타고 있었고, 고등학교를 졸업하면 농촌을 떠나는 분위기가 한풀 꺾이는 상황이었다. 귀농·귀촌의 물살을 타기 시작하였다. 새로운 변화를 향한 동력은 교회 내부의 변화를 요구하고 있었다.

젊은 세대가 교회의 변화 주체로 요구되기 시작했다. 30대 중반의 젊은 목사보다 어린 교인들이 교회 활동의 중심에 서 있었다. 그 무렵 부모 세대를 제외하고는 20대와 30대, 그리고 40대 초반은 두세 가정 정도였다. 이재익 목사가 부임한 해에는 '예수마을 찬양단'이 20~30대 교인 중심으로 조직되었고, 같은 해 12월엔 12인승 이스타나 승합차를 구매하여 기동력이 추가되었다. 이듬해 첫 '찬양의 밤'이 열리고, 지역 어른 초청 만찬회도 있었다. 1997년 남녀선교회 연합으로 지역 어른들과 함께 39명이 사이판에도 다녀왔다.

이재익 목사 부임 이후 4~5년 동안 봉천교회는 활발했다. 이전의 교인들로서는 상상할 수 없는 일들이었다. 모든 활동이 주일이나 수요일, 금요철야, 새벽예배 등 예배에 집중되었으나 교인의 활동 중심으로 전환된 것이다.

농촌 환경 변화에 상응하는 봉천교회 변화는, 젊은 세대들의 문화적 변화 욕구를 채워줄 수 있는 젊은 목사가 부임하면서 가능해졌다. 신앙생활도 달라져야 하는 당위성을 갖는 계기가 바로 원형목장의 시작이었다. 지역 사회에 좋은 이미지를 주지 못했던 교인들은 교인 타이틀을 적당히 숨겨야 하는 현실에서 살아온 터였다.

젊은 목사가 부임하자 교회에 변화가 생겨 교인이라는 자부심이 생겼을지 모르나, 곧이어 찾아온 리더십과의 충돌은 어쩌면 예고된 것인지도 모른다. 과거 모습의 반복이었다. 그때까지 일상생활에서 교인의 긍지는 없었다. 부모의 삶을 답습하는 자신의 모습이나 싸우는 교회 모습이나 그대로 한계에 직면하게 만들었다. 끼어드는 차를 향해 상스럽게 욕하는 아빠를 바라보는 자녀, 자녀 앞에서 사납게 싸우는 부부의 모습, 그들은 자책할 뿐 어떻게 살아야 하는지 몰라서 당혹스러워했다.

그것은 부모의 모습을 답습하고 대물림하는 자신의 모습이었다. 그런 일상생활에 지친 그들에게 교회생활도 별반 다르지 않았다. 교회 문화도 대를 이어가는 현상[12]을 그들 자신이 보여주고 있었다. 교인이 바뀌도 교회 문화는 쉽게 바뀌지 않았다. 젊은 교인들은 갈수록 부모 세대와는 다르게 살고자 하는 간절함이 있었다. 부자가 되거나 성공한 사람이 되는 욕심보다, 생활에서 부모와 다른 삶을 꿈꾸었다. 하지만 어떻게 살아야 할지 몰랐다.

원형목장에서 이재익 목사는 자신의 이야기를 하였다. 가정에서 남편으로 그리고 아버지로 잘못한 이야기였다. 누구나 겪는 무르고 약한 모습이었다. 교인들이 여태 보아온 목사가 아니었다. 교인들은 그렇게 고백하는 목사의 모습에서 무엇을 느꼈을까?

그를 경계하던 교인들의 긴장감은 차츰 줄어들면서 그의 면모를 새롭게 보았다. 겉과 속이 다르지 않은 진솔한 목사 모습, 그들은 목사의 말과 행동에 공감하게 되었다. 봉천교회에서 여태 없던 목사를 향한 신뢰가 생겨났다. 목사를 교인 자신의 영적 리더로 받아들이는 결단이었다.

원형목장에서의 변화는 이렇게 시작되었다. 목사를 신뢰하면서 그동안 지울 수 없었던 교회의 묵은 때가 조금씩 씻겨졌다. 목사가 보잘것없는 모습을 보이자 자신들을 신뢰한다는 확신을 품었다. 목사처럼 그들 또한 자신의 이야기를 내놓았고, 그저 숨기고 싶었던 모두의 이야기들을

---

12)　　교회 문화는 학습된다. 교인은 바뀌어도 문화는 여전하다는 말이다. 리더십의 충돌이 일어난 교회에서 첫 번째 사건이 일어난 후, 몇십 년이 지나 그 당시 교인이 없어도 리더십 충돌의 유형은 비슷하게 일어난다. 그 해결 방안도 다르지 않게 반복된다.

말하게 되면서 원형목장에 내놓은 이야기로 인해 서로 상처를 주지 않을 거라는 믿음을 갖게 되었다. 서로 공감하고 서로 신뢰하면서 과거의 상흔에 새살이 돋고 있었다.

상대에게 자신의 취약점을 보여줄 수 있는 용기는 어디에서 나올까? 그 용기가 다르게 살고 싶은 간절함, 스스로 벗어나지 못하는 한계까지 하나님을 향하게 했다.

교인들에게 원형목장은 그런 존재감이었고, 하나님께서 원하시는 일이라면'이라는 신앙적 고백을 하면서 묵은 때 같았던 불신의 허물을 벗겨냈다. 해묵은 습관은 하루아침에 고쳐지지 않는다. 그래서 '하나만' 고쳐보자는 자세, 원형목장에 참여한 모두의 단합된 기도 제목이었다. 기도는 하나님을 움직였고 은혜는 교인의 몫이었다. 그들은 그렇게 변화하였다.

어떻게 이렇게
행복하게 살아?

삐거덕삐거덕, 돌이켜 보면 내 인생은 늘 이랬다. 그럴 때마다 제대로 되는 일이 하나도 없다고 울먹이며 버텼다. 이불이 젖도록 기도해도 현실은 나아지지 않았다. 점점 더 깊은 수렁으로 빠지는 듯하고 헤어날 기미는 보이지 않았다. 남편 친구의 아내를 언니라 부르며 지냈는데, 언니 모습이 부럽고 질투가 났다. "언닌, 어떻게 이렇게 행복하게 살아?" 물었더니, 봉천교회 다니기 때문이라 한다. "나도 그 교회 가면 안 돼?"

어릴 적부터 엄마 손 잡고 교회를 다닌 나는 교회가 삶의 일부였고, 어디를 가든 주일을 지키려 애썼다. 마음가짐보단 성실하지 못해 후회하기도 했으나, 그렇다고 교회를 떠나지 않으며 하나님의 자녀로 살았다. 근데 교회를 다녀도 행복하지 않았는데, 저 언니는 교회 다녀 행복하다고 한다. 그 이유를 알고 싶었다. 행복해지려 봉천교회에 갔다.

봉천교회에 출석한 지 어느덧 10년이라는 기간이 지났다. 10년은 우리 부부에게 상처를 치유하는 기간이다. 우리 부부에게 좋은 시절이 '다시 올까?' 하는 기대를 하지 못했고, 의심하며 회복되기를 기도하던 나였다. 나에게 있는 잘못을 외면한 채 하나님께 남편을 향한 원망을 하면서 나보다 더 힘들어하는 남편을 보았다. 교회를 다니면서 남편이 변하기 시작했다. 열심이다. 나를 위해 그리고 아이들을 위해 자신을 바꾸려 애쓰는 남편을 보았다. 그렇게 우리에게 행복은 다가왔다.

'하지 말라'고만 하던 하나님은 이제 내 안에 없다. 매를 들고 있는 하나님도 없다. 지난 내 모습을 용서하면서 연민을 갖게 되었다. 나를 바꾼 남편이 보이기 시작했다. 그를 공감하고 이해하면서 그의 모습 그대로를 받아들였다. 자신을 바꾸려 무던히 애쓰는 남편에게서 행복을 느꼈다. 남편을 통해 하나님의 사랑을 알았다.

이보다 좋은 시절은 내 평생 처음인데 불안하다. 가정에서 더 잘하려 하고, 이제 시부모님도 챙기게 된다. 멀리 떨어져 사는 시동생 부부의 마음도 이해가 된다. 힘들어하는 친구네 부부를 보면 나의 옛 모습을 보는 거 같아 잘 버텨 지나가길 기도한다. 남편과 싸우더라도 이전과는 다르다. 험한 말을 하지 않게 된다. 돌아서서 잘못을 인정하고 곧바로 사과한다. 서로 생각이 다르다는 것을 깨우치고 있다.

행복이 깨어지지 않을까 하는 두려움이 내 안에 있다. 과거의 기억이 만든 불안일 것이다. 여기서 만족하지 않고 더 단단한 행복을 만들려는 욕심이기도 하다. 행복을 악착같이 지키고 싶다. 내 안에 있는 불안에 빠지지 않으려 하나님께 기도한다. 행복을 알게 해 준 남편이 참 고맙다. 오늘도 난 행복하게 살아가고 있다.

신 자매 • 봉천교회 성도

PART 3

하 나 님 말 씀 으 로
바 뀌 는 우 리

신앙은 사람을 움직이는 힘이다

우리는 이기적으로 관계를 유지한다. 이익이 되지 않고 손해되는 관계를 원하지 않는다. 이해(利害)라는 관점에서 거래 관계를 선호한다. 반면 계약 관계는 이익에 타협이라는 합의로 성립하지만, 실제 한쪽에 손해(심리적으로 서운함)가 있다. 나는 그것을 '양보'라 부른다.

양보는 일방적이지 않고 합의에 따르므로 서로에 대해 신뢰가 쌓인다. 양보를 통한 거래는 계약으로 바뀐다. 이익을 양보하는 행위로 신뢰를 쌓는다면, 서로 양보하게 되고 합의되어 집단에서 서로 이익이 되는 '공간'이 생겨난다. 넓은 집단일수록 서로 이득이 되는 일이 많아지고, 좁은 집단일수록 이익을 향해 충돌이 잦을 수밖에 없다.

그렇다면 우리는 이익에서 어떻게 양보를 끌어내야 하는가? 다르게 말하면, 계약 관계가 많은 집단은 어떻게 생겨나는가? 이익이 아닌 손해 관점에서, 나에게 손해되지 않도록 어떻게 해야 하는가? 이 질문의 답은 의외로 쉽다.

나에게 손해되지 않는 무엇은 상대도 손해가 되지 않아야 하는 전제가 생긴다. 상대에게 손해라면, 상대는 계약을 받아들이지 않을 것이고, 나 역시 마찬가지다. 서로 손해가 되지 않는 타협은 양보이며 이익이 될 것이다.

우리는 이익을 위해 거래하는 인간이다. 인간은 이기적이다. 하지만 이익을 위해 '계약'을 맺고, 힘있는 사람일수록 '거래'를 한다. 권력으로 거래를 만들고 유지할 수 있기 때문이다. 그런 사람들도 이익을 위해 거래가 아닌 계약을 맺기도 하지만, 힘이란 관계에 따라 생겨나므로 힘있는 자는 관계에 따라 위치가 달라질 것이다. 상황이나 처지를 넘어 손해보지 않고 이익을 위해 행동하는 힘을 종교적 언어로 바꾸면 '신앙'이 된다. 신앙은 사람을 움직이는 힘이다.

우리는 신앙을 종교적 행위로만 본다. 신앙은 종교적 행위를 넘어 능동적이고 생산적인 힘을 갖는다. 신앙은 거래하는 사람을 이익에서 벗어나 양보하게 하고, 한편 신앙이 이기적으로만 작동할 때 파괴적인 힘으로 발휘된다. 거래 관계가 많은 집단을 계약으로 만드는 힘도 신앙에서 비롯한다.

교회를 신앙 공동체라 부르는 이유는 인간의 이기성을 내려놓을 수 있는 집단이기 때문이다. 교회는 집단의 이익을 넘어 공익을 위해 헌신하는 집단이어야 한다. 그렇지 못할 때 교회는 사회에서 비난을 받을 수밖에 없다.

봉천교회 교인에 관해

2010년을 지나면서 새로운 사람들이 봉천교회 교인으로 정착하였다. 그들은 봉천 교인이 살아가는 모습에 감동되어 출석하게 되었다고 한다. 62쪽 〈어떻게 이렇게 행복하게 살아?〉에 소개한 대로, 그들은 현재 교인 수의 50%에 해당한다. 과거 교인 유형과는 다르다.

첫 교인들 유형이었던 월남인은 봉천교회에 남아 있지 않다. 그들에게 교회는 잠시 거쳐가는 간이역일 뿐이었다. 두 번째 교인 유형은 월남인이 떠난 자리를 메꾼 지역 주민들이다. 그들은 지역 유지도 아니었고, 재산이 많지도 않았으며, 지식인이거나 지역 사회에 덕망 있는 사람들도 아니었다. 그들 자녀들은 교회학교의 전성기를 만들어 냈지만 그들 역시 교회를 떠났다.

그 무렵 교회에 남은 두 번째 교인 유형과 2010년 이후 세 번째 교인 유형이 지금의 봉천교회를 지켜가고 있다. 평균 출석 인원은 70~80명 정도에 이른다. 대다수 65세 이상 여성이며 교인 4명 중 1명의 비율(25%)이다. 유치원 이하 2~3명, 초등학생은 4~5명이고, 중고생 6~7명, 청년(20~35세)이 12~15명 정도로 교인의 20%에 해당한다. 36~65세에 이르는 이들이 교인의 과반수이다.

이들을 세 그룹으로 나누면, 40대 중반에서 50대 초반이 가장 많고 다수는 여성이다. 다음은 50대 중반 이상 남성과 여성의 비율은 비슷하고 다들 부부이다. 끝으로 30대 중반에서 40대 초반이 교인 중에서 가장 적은 연령층으로 남녀 비율은 거의 같다. 전체 교인에서 남성과 여성의 비율은 4대 6으로 여성이 조금 많다.

50대와 60대에는 여성 혼자 출석하기 보다 부부가 함께 교회를 다니는 비율이 높으며, 40대는 여성 혼자와 부부 출석 비율이 거의 비슷하다. 청년의 경우 부모와 함께 교회에 출석하는 비율이 높다. 초·중·고생들도 부모와 함께 교회에 출석하는데, 청소년과 청년 중에는 특이하게 바리스타가 되고자 봉천교회 〈카페 나무〉에 왔다가 교회에 출석하는 예도 있다. 3대가 함께 다니는 가정은 서넛 정도, 3대째 신앙 가정은 셋이었다.

성인 교인의 과반수는 강화 출신이다. 강화에서 태어나서 고등학교까지 다닌 교인들이다. 이들은 현재 교회 핵심으로 활동하고 있다. 다른 교인들은 강화로 생활 터전을 옮긴 도시 변두리인과 농촌 출신이다.[13] 강화로 유입한 이유는 개인적인 사연으로 직업이나 경제적인 문제, 가족과의 관계, 특이하게 개를 키우기 위해 옮긴 예도 있다. 귀촌으로 교회 출석 사례도 있는데, 그들은 베이비붐 세대이다.

직업군은, 농촌 지역의 교회임에도 불구하고 농업 종사자가 없다. 은퇴한 장로만 농업 종사자이고, 여성 교인 중 교회에 출석하지 않는 남편이 농업에 종사한다. 대다수 남성 교인들은 목수, 전기 기능사, 보일러 기사, 배관공 등 수시로 실생활에 필요한 직업군을 이루고 있다. 예배당 공사(2020년 7월~2021년 8월)를 교인들 스스로 할 수 있었던 이유다.[14] 여성의 경우 가정주부 혹은 남편과 함께 일하는 소상공인, 다수는 상업 종사자이다. 청년의 경우, 교편을 잡은 이도 있고, 가족의 상업에 종사하거나 직장인이고, 다수는 대학생들이다.

성인 교인 학력은 대체로 고등학교 졸업자이다. 대학을 졸업한 이들이 적다. 청년들 경우 대학생이거나 대학을 졸업한 상태이다. 그들은 대

---

13) 나는 이것을 '문화적 유사성(cultural similarity)'이라 부른다. 봉천교회에 정착한 이들은 기존의 교인과의 문화적 관계성에서 유사점이 있다는 점이다. 자세한 내용은 PART 6에서 설명한다.

14) '동종 직업군(same occupational cluster)'이 교회에 끼치는 영향에 관해서도 PART 6에서 설명한다.

학을 다니는 동안 교회를 떠나 있거나, 취업하면서 강화를 떠나기도 한다. 이 점은 봉천교회만이 아닌 모든 농촌 교회나 중소 도시 교회들이 겪는 현상이다. 직업 때문에 강화에서 봉천교회를 출석하다가 근무지를 옮기면서 교회를 떠나는 사례도 있다. 이 경우, 특이한 점은 교회를 다닌 경험이 적거나 없는 새신자였다.

봉천교회는 전도 프로그램이 없다. 교인들도 전도하지 않는다. 봉천교회를 알고 싶은 사람들은 〈카페 나무〉를 찾는다. 대체로 현직 목회자이거나 오래 교회 생활해 온 평신도 리더들이다. 소리 소문에 의해 알게 된 봉천교회에 대해 호기심을 가지고 찾아오지만 봉천교회로 옮기려는 의도는 아니다. 소속 교회에서 겪은 불합리함을 성토하는 정도일 뿐이다. 이재익 목사는 그런 사람들을 일일이 만난다. 〈카페 나무〉는 교회를 소개하는 좋은 통로이기도 하다.

봉천교회에서 교인이 되는 과정은 남다르다. 그들은 교인을 직장에서 혹은 이웃으로 만나면서 봉천교회를 출석하게 된다. 이것이 지금의 교회를 갖춘 중요한 요인이어서 앞으로 더 성장할 수 있는 토대이기도 하다.

그들의 교회 정착 과정은 하나의 유형이 된다. 가정에서 부부 위기를 겪던 이가 친분이 있던 교인에게 하소연하면서 위로받다가 교인의 삶이 부러워 닮고 싶다는 기대를 한다. 모방의 간절함이 봉천교회 출석으로 이어지고, 자신이 겪고 있는 위기 사연을 목장에서 나누게 된다. 목장에 참석한 교인들은 자기의 경험을 고백하면서 위기를 버텨낼 힘을 실어준다. 그 기간을 거치면서 교인으로 정착하기도 하지만 또 떠나기도 한다.

봉천교회 신 자매의 생활신앙 이야기에서 "어떻게 이렇게 행복하게 살아?"라고 묻던 이는 남편 친구의 아내를 통해 봉천교회를 알게 되었다. 언니가 다니는 교회에 가고 싶고, 언니처럼 행복하게 살고 싶다는 간절함이 있었다. 그는 행복해지려고 교회에 출석하려 하였다. 다른 교회에 출석하고 있었으나 위기 상황에 대해 도움을 받지 못하고 있었다. 그는 봉천교회를 다니면 자신도 행복해질 거라는 확신으로 교회를 옮기려 했지만 다른 교회에 출석하고 있는 그를 봉천교회는 받아주지 않았다.

교인들은 그 같은 일을 여러 번 반복하고 있다. 때로는 떠나는 이에게 상처받고, 삶의 위기를 회복하는 이와 함께 하나님을 체험하는 기쁨을 나눈다. 그렇게 반복된 경험이 새 신자를 향해 경계하는 감정을 가질 만한데, 그들은 그렇지 않다. 하나님께서 주신 기쁨, 그들이 이미 경험한 하나님의 은혜를 공유한다는 마음가짐이다. 그나마 자신들의 보호장치[15]로 다른 교회의 교인은 받지 않는다는 기준을 세웠다. 새신자 혹은 떠난 이들에게 그것은 텃세로 보인다.

목자와 목장, 그리고 삶공부

원형목장을 시작하면서 교회 문화가 바뀐 결과를 PART 2에서 네 가지로 설명하였다. 목사 리더십의 새로운 모습, 모임 성격, 치유 기간, 그

---

15)　　나는 이것을 상호작용 의례 과정에서 의례의 산출물인 '정의로운 분노'로 해석한다. PART 6을 참고하라. 이것에 관해서는 콜린스(Randall Collins)의 『사회적 삶의 에너지』(Interaction Ritual Chains) (한울아카데미, 2009), PART 2를 읽어보라.

리고 교인 삶에서의 변화. 그것은 시간이 지나면서 차츰 교인의 일상생활에서 드러나기 시작하였다. 지금 원형목장은 4개 목장으로 늘어났다. 청년과 청소년은 따로 모이고 있다. 여전히 목장에서는 한 주 동안 일어났던 일상의 경험을 나눈다.

봉천교회 삶공부는 가정교회사역원에서 발행한 교재로 성경공부를 진행한다. 가정교회 참가 교회가 사용하는 교재이며, 〈생명의 삶〉, 〈확신의 삶〉, 〈경건의 삶〉 등 순차적으로 이어지고, 〈부부의 삶〉, 〈부모의 삶〉도 있다. 3개월 단위로 한 해 동안 서너 차례 삶공부 모임이 열린다. 최근에는 교인이 아닌 이도 참가하는 예외적 경우가 생겼다. 삶공부 리더는 주로 담임목사나 오랫동안 삶공부를 해온 평신도 리더가 담당하는데, 평신도의 경우 삶공부 인도자와 목장 리더 목자[16]를 같이 맡는 예도 있다.

인터뷰에서 교인들이 만나는 목자는 어떤 사람인지를 물었다. 인터뷰 대상자 중에는 목자도 있었다. 어떤 이는 하나님의 동반자, 선생 같다고 표현했으나, 다수는 목자를 신앙생활에서 롤모델로 삼는다고 했다. 목자로 활동하는 이는 모두 원형목장에서 함께한 교인이다. 그들은 삶공부와 목장 활동을 15년 가까이 하면서 소위 이골이 난 사람이다.

하지만 목장을 인도하는 모습은 참 진솔하고 너스레 떠는 모습이 없다. 자신의 이야기와 함께 목장이나 삶공부 과정에서 겪은 경험을 있는

---

16)   삶공부나 목장을 담당하는 리더를 부르는 호칭으로 남성인 경우는 목자, 여성인 경우는 목
        녀라 부른다. 여기에서는 통칭으로 목자로 사용한다. 인터뷰 중 '목장은 작은 교회'로 '목자
        는 목사와 같은 역할'을 한다고 평가한다. 그래서인지 나는 교인들과 대화나 인터뷰에서
        목사와 목자를 혼동할 때가 종종 있었다.

그대로 말해준다. 목장의 목원이나 삶공부 수강자들에게 정답이라는 대안을 제시하지 않으며 강요하지도 않는다. 스스로 해결책을 찾아가도록 조언을 아끼지 않으면서, 그것을 찾을 때까지 기도하며 기다려준다. 목장은 목자의 헌신에 기반하는데, 이것을 '섬기는 리더'라고 한다. 이런 목자 모습은 원형목장에서 학습된 역할이다. 교회 안에서 목자 역할은 밋밋하게 보이나 실제 강한 힘을 갖고 있다.[17)]

좋은 모습에는 어두운 그림자가 있기 마련이다. 주로 목자와 목원 그리고 목원과 목원 사이에 신뢰가 쌓이지 않은 상태에서 그림자가 보인다. 새로 목장에 참석한 사람은 개인 이야기를 가감 없이 나누는 상황에 당혹감을 겪기도 한다. 저마다 숨기고 싶은 혹은 드러내고 싶지 않은 이야기를 공개하는 목장이 불편할 수 있다. 특히 부부 관계에서 겪은 일은 더 그렇다. 어떻게 그런 이야기를 스스럼없이 말하지? 이런 당혹감이 엄습하고 목장 참석을 주저한다.

그래서 신뢰 관계가 중요하다. 목자가 지혜롭게 잘 처리하기도 하지만 쉬운 일이 아니다. 개인사가 혼자 겪는 일이 아닌 누구나 겪는 아픔이라는 공감이 이루어지면 강한 연대감을 느낀다. 혼자가 아닌 공동체, 목장에서 함께한다는 장점이다. 알코올 중독자 모임에서 참여자가 어떻

---

17)   목자는 '의미 있는 타자(meaningful others)'라 여겨진다. 이를 위해서는 그들에 관해 좀 더 깊은 인터뷰를 통해 파악 가능하리라 본다. 버거(Peter Berger)에 따르면, 종교는 세상과 동조하면서 개인의 운명에서 선택의 문제가 되었고, 사회 안에서 고전적 종교 기능이 약화하는 세속화를 경험한다고 주장하였다. 세속 사회에서도 개인은 여전히 질서 그리고 의미를 제공하는 노모스(normos)를 추구하게 되는데, 다르게 말하면, 그것은 '설득력 구조(plausibility structure)'이다. 종교를 통해 자신의 정체성을 찾으려는 개인은 종교적 의례나 활동 그리고 참여에는 '의미 있는 타자'를 모방하면서, 자신의 설득력 구조를 만들어간다. 『종교와 사회』(The Social Reality of Religion), (종로서적, 1981) 제1부를 참조하라.

게 중독되었는지, 삶이 어떻게 나락으로 떨어졌는지, 그리고 어떻게 극복하고 있는지를 나누는 모습과 비교한다면, 목장에서 나누는 이야기의 성격과 과정을 유추할 수 있을 듯하다. 따라서 목장에서 당혹감과 불편함을 이겨내는 이들은 소속감을 느끼며 '우리'라는 일체감을 가진다.

삶공부와 목장은 구별된 모임이 아니다. 동전의 양면이랄까. 삶공부 참여자는 어떻게 살아야 하는지를 배운다면, 그것을 실천하는 경험을 나누는 장이 목장이다. 삶공부를 통해 그들은 가정에서 감정 조절하는 법을 배우고 실생활의 도움을 받는다.

주목할 점은 삶공부에 강제성이 있다는 것이다. 삶공부에 참여자에게 매주 숙제가 주어지고 그것을 실천해야 한다. 예를 들면, 〈부부의 삶〉을 배우는 이는 배우자에게 말 한마디 친절하게 건네는 것이 숙제다. 한 인터뷰 대상자는 배우자에게 친절한 말 한마디 하는 일이 꽤 어려웠다고 토로한다. 결혼한 지 20년이 지난 남편에게 따뜻한 말 한마디를 건네는 일이 힘들었던 것이다.

"거의 부부들이 그렇지 않나요? 너 따로 나 따로." 함께한 이도 "자식 얘기만 같이 하지"라며 그의 말을 거든다. "(서로) 터치 않고 기분 상하지 않게 하면 최고다. 맞지 않나요?" 그는 웃으면서 말을 이었다. 삶공부를 배운 대로 실행하는 동안, "내가 이렇게까지 남편에게 해야 돼!"라는 생각에 자존심도 상했다고 한다. 하지만 남편을 배려하면서 달라진 남편 태도에서 삶공부의 힘을 깨닫는다고 했다. 그의 말이다.

"지금은 (남편이) 왜 그런지를 이해하니까. '힘들구나' 하면서 (남편에게) 마사지기로 한 번 눌려주고. 나도 힘들지만. (남편이) 힘들다고 하

는 거는 뭘 해 달라는 거니까. 나 하려고 마사지 기구를 샀는데 남편
해 주고 있어요. 해 주면 고마우니까 (남편은 나에게) '이제 자라'고 하
고. 이런 대화, 대화가 많아진 거죠."

부부가 함께 삶공부와 목장에 참여하기도 한다. 이럴 때 목장은 부
부에게 완충 역할을 한다. 부부 사이 묵은 감정을 토해도, 목장이라는
안전장치로 인해 감정을 조절할 수 있다는 점이다. 부부만의 대화에서
할 수 없었던 감정의 골을 나누어도 파국으로 치닫지 않게 하는 보호장
치다. 따라서 목장은 배우자를 이해하게 돕는 공간이기도 하다. 목장을
통해 남편을 이해하고 아내를 이해하는 기회를 얻고 나면 부부싸움을
해도 화해의 속도가 빨라졌다는 남편, 아내는 달라진 남편에게서 행복
을 느끼지만 뭔지 모르게 공허하다고 덧붙인다. 아내의 말이다.

"(남편이) 그때는 들어주는 척하니 행복한 거고. 막상 반복되면 그 사
람 본성이 나오니까. 그 상황이 반복되니까 그게 행복해도 공허함
이 안 채워졌던 거 같아요."
"이 사람 단점을 내가 바꾸려 하지 않고, 하나님께 기도하니 하나님
이 이 사람이 고쳐야 할 것을 고쳐주시더라고요."

아내가 '공허한 행복'이라고 한 것은 현재의 행복이 깨지지 않을까
하는 불안의 표현이다. 과거로 돌아가면 어떨지 아는 아내에게 지금의
행복이 좌불안석이기만 할 것이다. 한편 현재 행복을 단단히 지키고자
하는 기대를 반영한다. 여기에 만족하지 않고 더 확실한 행복을 만들려

는 '선한 질투심'이 생겨난다. 가정의 위기를 겪으면서 이혼으로 치달을 수 있음에도, 부부는 삶공부와 목장을 통해 이혼에 이르는 심리적 불안에서 벗어나 서로를 신뢰하는 과정에 이르게 되었다.

삶공부와 목장은 부부에게 윤활유 같은 기능을 제공하면서 그것들에 적극적으로 참여하는 동기를 부여한다. 과거에는 서로 요구하는 자의 입장이었다면 '나의 변화 당신의 행복'이라는 캐치프레이즈대로 점차 서로에게 자기를 헌신하는 자가 되면서 과거 요구하는 자의 입장이었다면, 이제 요구를 들어주는 자로 바뀌었다. 따라서 부부에게 삶공부와 목장은 배우자를 이해하는 공간이라 말해도 틀리지 않는다. 더 나아가서 그들은 가족이나 지인이 과거 자신처럼 살아가는 모습을 보면 연민을 느끼면서 자신이 겪은 경험은 나누기도 한다.

봉천에서 목장이나 삶공부에 참석하는 이들은 강제성의 순기능으로 인해 관계를 회복하면서 행복감을 경험한다. 삶공부에서 배운 내용을 생활에서 행동으로 옮기는 과정은 봉천의 일원이 되려면 누구나 마땅히 해야만 하는 통과의례가 된다. 반면, 삶공부 내용을 실생활에 적용하지 않으면, 교회 일원이 되지 못할 뿐 아니라 적응하기 힘들어져 교회를 떠나게 된다. 결국 통과의례는 중요한 신앙적 물음에서 비롯한다. 바로 '하나님께서 기뻐하시는 것은 무엇인가?'이다.

〈부부의 삶〉을 공부하는 이들은 부부 관계에서 하나님께서 기뻐하시는 것이 무엇인지를 찾으려 한다. 다른 삶공부 과정에서도 같은 물음을 통해 구체적인 삶의 자리에서 그 답을 찾으려 한다. 이것은 삶공부가 다른 성경 프로그램과 구별되는 주요한 차이점이다.

삶공부는 참여자가 살아가는 구체적인 삶의 현장에서 신앙적 물음에 관한 답을 제공한다. 위의 예처럼, 〈부부의 삶〉의 핵심은 배우자에게 필요한 사람이 되는 데 있다. 그것을 하나님께서 기뻐하신다는 이유로 둔다. 그러기에 참여자는 싫더라도 자존심이 상하더라도 해야만 하는 강제성을 하나님께서 기뻐하시는 일로 받아들이며, 그것에 순종하는 태도는 하나님을 믿는 신앙인의 자세로 여긴다.

이런 신앙 도식을 통해 실제 생활에서 갈등이 해결되는 순기능을 체험한다는 측면에서, 하나님께서 개인의 삶에 개입하시고 있다고 확신한다. 따라서 참여자는 삶공부를 통해 긍정적이고 순기능적인 심리적 변화를 겪는다.

〈부부의 삶〉 공부에서 내어준 과제를 실행하는 과정에서 참여자의 변화를 단계별로 비교해 볼 수 있다. 우선 참여자는 배우자에게 따뜻한 말 한마디나 챙겨주는 행동을 하면서, 부담을 느끼면서 쑥스럽고 배우자에게 저렇게까지 해야 하는지 자존심이 상하는 심리적 과정을 거친다. 이것을 1단계라 하겠다.

2단계는 숙제인지라 안 할 수 없다는 강제성을 띤 상황이다. 어쩔 수 없이 그 같은 말이나 행동을 해야만 하는 강제성에 내몰리는 현실 상황에 직면한다. 참여자는 어쩔 수 없이 했던 자신의 행동에 배우자가 호의적으로 반응하는 것을 보며 놀라는 경험을 가진다.

3단계의 특징은 적극성으로 배우자의 반응이 긍정적으로 달라지면서 참여자 스스로 삶공부에 매력을 느낀다. 참여자는 '우리 남편도 되더라' 확신하면서 삶공부 참여에 소극적인 태도를 벗어나 적극성을 띤다. 마지막 4단계는 강제성에서 적극성을 넘어 자발성으로의 전환이다. 구체적이고 현실적인 기대, 목적을 세우고 삶공부에 자발적인 참여자가 된다. 이것을 삶공부의 '선순환 구조'라 말할 수 있다.

선순환 구조란 삶공부에 참여하는 심리적 단계가 개인에게만 아니라 가정에서도 좋은 결과 - 나도 편하고 가정도 편해지는 - 를 낳는 구조라는 점이다. 교인들이 무엇 때문에 삶공부에 몰입되는지를 알 수 있다. 참여하는 그 자체만으로 만족하면서 그들은 지금보다 나아진 자신을 발견하리라는 기대를 한다.

삶공부에 참여하면서 강제성을 자발성으로 전환하는 태도에 집중력을 발휘할 때, 그들에게는 행복감이 밀려든다. 하나님께서 기뻐하시는 일을 한다는 신앙적 확신 속에서 지난 시절 어려움이 행복으로 전환된 체험은 현재의 고달픔을 잊게 만들고 더불어 행복감을 맛보기 위해 더 많이 노력하게 한다. 그들의 삶을 풍요롭게 만드는 방법이 되므로 선순환 구조를 '신앙의 성장'이라 말해도 틀리지 않는다.

청소년과 청년들의 삶공부와 목장

청년들에게 목장과 삶공부는 어떤 의미일까? 현재 봉천교회 청년들의 연령층은 고등학교를 갓 졸업한 이부터 30대 초반에 이른다. 주축은 20대 중후반이며 매주 출석하는 인원은 10~12명이다. 그들 다수는 교인의 자녀이다. 대학 입학으로 강화를 떠나 지내고, 수도권 대학을 다니는 이들 중에는 가끔 교회에 참석하기도 한다. 그들에게 목장과 삶공부는 성인처럼 참여했던 경험이 축적되어 이루어지기보다는 인식이나 인간관계를 배워가는 계기로 작용한다.

그 중심에는 이재익 목사의 아내가 있다. 그들 부부에게는 두 딸과 늦둥이 아들이 있는데, 두 딸 모두 20대 중후반이다. 사모(이재익 목사의 아내)에게 청년들은 자녀와 다르지 않다. 2020년 직장 문제로 세종시로 떠난 청년이 거의 1년 만에 교회를 방문했을 때, 토요일 교회에서 하루를 머물고 주일 오후에 떠나는 모습을 나는 보았다. 사모는 그에게 이것저것을 챙겨준다. 한 보따리였다. 시골스러운 모습이라 할까, 엄마가 떠나는 자녀를 챙겨주는 모습이라 할까! 도시적인 모습은 아니다.

사모는 청년 목자로 활동하면서 때로는 엄마 역할까지 한다. 초등학교 3학년부터 봉천을 다녔던 이가 이제 30대 초반이 되었다. 그는 성인이 되었으나 사모와의 관계에서는 여전히 딸 같아 보인다. 둘의 만남이 20년 넘었으니 그럴 만하다고 인정하지만, 남다르다는 사실을 우리는 경험에서 알고 있다.

그런 관계가 봉천의 청년들에게 확산하고 있다. 그래서인지 새로 오는 청년들도 그런 분위기 스며들어간다. 선임병의 전도로 교회에 나온 사람도 이 분위기 속에서 출석한 지 벌써 7년이 되었다고 한다. 그는 학교생활로 인하여 많은 시간을 서울에 머물렀으나, 최근 코로나와 임용 시험을 위해 강화에 머물고 있다.

둘을 인터뷰하였는데, 그들 부모는 가끔 절을 찾는다고 한다. 다른 청년들에 비해 나이가 많은 편이었고, 자기보다 어린 청년들에게 목자와 부목자로 활동하면서 언니와 형의 역할을 톡톡히 한다.

전자는 목자 역할을 '어떤 상황에서도 그 자리를 지켜주는 사람'이라 정의한다. 그것은 형제 관계에서 든든한 언니나 형의 모습이다. 분명 교회는 그에게 어린 시절 가정에서 누리지 못했던 놀이 공간이었다. 도시와 다른 환경에서 뭔가를 누릴 수 있는 공간을 제공한 교회는 개인의 인성 계발에도 중요한 기능을 발휘하였다. 그는 오랜 기간 교회생활을 통해 인간관계에 필요한 기량을 배웠다고 한다. 내향적 성격을 극복하고 부정적인 생각을 이겨내며 속마음을 당당하게 표현하는 법을 배웠다.

후자의 경우, 목장에서 사소한 것을 소중하게 여기는 자세를 배웠다고 한다. 사모와의 대화를 통해 신앙적 삶으로 관계의 갈등을 해결하는 방법을 찾고, 자신이 놓쳤던 부분에 대해 돌이켜 보며 삶의 가치를 세우고 있다고 말해주었다.

군복무 동안 교회를 떠나 있었던 청년은 인터뷰에서 삶공부와 목장을 통해 자신이 가졌던 신앙적 태도를 군대에서 지키기 힘들 거라고 예단했고, 군대라는 특수 환경에 편승하여 한동안 신앙생활을 등한시했다고 한다. 그러나 제대 후 다시 교회에 출석하면서 신앙생활을 점차 회복하고 있었다.

그는 사모와의 삶공부를 계기로 교회에 소속감을 느꼈고, 신앙생활 기복 경험을 청년들과 청소년들에게 나누고 있다. 할아버지가 장로이고, 숙부가 이재익 목사였으나, 그동안 교회를 잘 다니지 않았다고 한다. 그는 석모도에서 성장하였다. 강화 옆에 있는 석모도는 문화적으로 강화보다 낙후된 지역이고, 어린 시절 교회는 친구들과 함께 노는 공간이었다. 강화로 고등학교를 다니면서 기숙사 생활을 했는데,[18] 학교에서 교회까지 버스로 30분 거리였으나 자기를 잘 드러내지 않는 성격인

18)   강화지역 고등학교는 기숙사 시설을 갖추고 있다. 강화읍에서부터 먼곳에 사는 학생들은 기숙사 생활한다.

그에게 교회는 낯설고 성가신 곳이었다.

그런 그에게 교회 청년이 건넨 빼빼로 선물은 교회 출석의 계기가 되었고, 새로운 인간관계의 동기였다. 선물은 그에게 교회에서 있었던 과거 일들을 회상하게 하고, 좋은 감정이 되살아났을지도 모른다. 틈틈이 고민하던 인간관계 의미를 떠올리는 기회였을 거라 여겨진다. 소속감은 자아를 구성하는 요소로 작용한다. 그를 기억하고 챙겨주는 선물은 교회에의 소속감을 새롭게 되살리게 했을 것이다.

종교적 소속감은 자아 형성에 영향을 준다. 이제 갓 고등학교를 졸업한 새내기에게서 명확하게 드러난다. 그는 유치원 때부터 어머니를 따라 교회를 다녔다. 중학교에 입학하고 강화로 이사하면서 동급생 친구의 전도로 봉천교회를 다니게 되었다.

그는 주일 예배보다 토요일 목장에 먼저 참석하였다. 목장을 친교가 더 우선된 모임이라 여겼고, 교회 영역이라 여기지 않았다고 한다. 자의식이 강한 그는 초등학교를 졸업하면서, 교회에서 배웠던 이야기가 자신을 감시한다고 생각했다고 한다. 그러나 교회를 다니지 않아도 아무런 일이 일어나지 않는다는 사실을 깨달으면서 교회를 다니지 않게 되었다.

앞서 말한 제대한 청년과 새내기를 함께 인터뷰하였는데, 새내기가 교회에 나오기 시작한 무렵, 제대한 청년(그땐 입대하기 전 대학생이었다)이 중학생인 자기에게 컴퓨터 게임을 하자는 말이 좋았다고 한다. 이제 자신도 봉천교회 일원이라는 소속감을 느낀 계기였다. 나는 제대한 청년에게 중학생에게 게임을 하자고 한다는 게 타당한지 물었더니, "안녕!"이라고 하기에는 썰렁했다고 한다.

여하튼 새내기는 엄마따라 교회를 다니다가 싫증나면서 교회는 성 가신 곳이었다. 교회 다니지 않는다고 해서 나쁜 일이 일어나지도 않았 다. 위협적인 종교적 가르침이 더는 자신을 구속할 수 없다는 안도감에 서 새내기는 다시 봉천교회에 출석하게 된다.

　　그런 그에게 게임을 같이 하자는 교회 형이 생겼다는 사실만으로도 목장은 기대감을 주었다. 목장은 새로운 소속감을 느끼는 계기였다. 교 회 출석을 누구의 강요나 종교적 의무가 아닌 자신의 선택 결과로 받아 들였다. 다만 소속감은 개인의 정체성을 강화한다. 그는 자신의 정체성 이 이미 정해져 있거나 하나님으로부터 주어지지 않고 '스스로 만들어 간다는' 점을 강조한다.

　　청소년들에게도 목장이 있다. 그들의 목자는 청년, 교회 선배이다. 그들 모임의 특징 중 하나는 '함께 논다'라는 것이고, 다른 하나는 자기 표현에 익숙하지 않은 청소년에게 표현하는 '훈련의 장'이 되어 준다. 앞 에서 제대한 청년이 교회에 새로 온 중학생에게 컴퓨터 게임을 같이 하 자는 말을 했다는 경험을 소개하였다. 그것은 축구를 하자는 것과 같은 소통 방식이다. 함께 노는 상황이라는 점이 다를 뿐이다. 이렇게 소통 방식은 항상 열려 있다.

　　다른 예로, 나는 봉천교회 여름성경학교 일정표를 본 적이 있다. 일 정 중에 학생들이 점심과 저녁을 직접 만들어 먹는 시간이 배정되어 있 었다. 다른 교회 행사에서 식사는 대개 여선교회 도움을 받거나 매식을 통해 해결하는데, 학생들이 직접 음식을 만들어 먹는다. 왜 그러지? 이 것을 중요하게 여겼다.

현재 1970년대 태어난 이들은 산아 제한 정책 시기에 태어났다. 그들에게 형제자매는 1명 혹은 2명이다. 가정 안에서 가족의 일원으로 그리 역할을 하지 않으며 성장하였다. 쉽게 말해 공부만 하였다. 청소나 설거지, 간단한 음식을 해 먹는 활동을 하지 않으며 성장하였다. 그들이 결혼하고 자녀를 낳으면서 결혼 생활에 가사는 노동이고 위기의 원인이 되었다. 그들 자녀 또한 간단한 음식을 만들기보다 편의점에서 해결한다. 청소 같은 집안일보다 영어 단어 하나 암기하기를 원하는 게 부모의 마음인지도 모른다.

하지만 봉천교회에서 여름성경학교나 매주 청소년 목장은 그들 스스로 음식을 만들고, 청소나 설거지도 그들 몫이다. 청소년에게 '함께하는' 자체가 생활신앙이었다. 그들은 그렇게 삶을 배워 간다. 다른 하나는 자기 표현이다. 중학생[19]이 된 여학생에게 옷을 구매하는 방법이나 입는 방법을 선배 청년이 알려주는 모습을 본 적이 있다. 이것은 부모나 또래 문화에서 가질 수 없는 장점이기도 하다.

청소년이 성장하는 단계를 거치면서 알아야 하는 환경을 소개한다. 옷 입기에서도 자기 발견이 가능하도록 돕고, 자녀 역할이 뭔지 조언하면서, 목장에서 음식을 만들고 뒷마무리나 설거지 경험을 가정에서 하도록 챙겨준다. 그 같은 일은 부모가 자녀에게 당연히 해야 한다고 여겼을지 모르나, 자녀는 집안일을 하면서 가족의 한 존재로서 소속감을 느

---

19) 　　청소년 목장에 소속한 그들은 자신을 '하떼'라고 부른다. '하나님의 양떼'를 줄인 말로 교회 안에서 그들의 정체성을 드러낸다. 목자인 선배(청년)를 따라 모방하는 모습을 정의하는 표현이다. 비록 종교적 개념을 사용하더라도 그들은 가정생활에서 자녀의 역할과 같은 모습이 더 중요하게 작용한다.

낀다. 청소년들이 선배와 활동하면서 자연스럽게 생각이나 감정을 표현하는 훈련을 하게 되는데, 부모나 친구는 물론 타인과의 관계에서 어떻게 자신을 표현할지 내면화하게 된다. 따라서 청소년 목장은 딱히 성경을 배우기보다 목자를 통해 자신의 정체성을 세워 가는 중요한 종교적 사회화 과정에 해당한다.

목장과 삶공부는 봉천교회 교인이고자 한다면 당연히 참석하는 통과의례이다. 그곳에 참여하는 시간이 교인이 되는 과정이기도 할 것이다. 목장은 삶공부에서 배운 내용을 실생활에 적용하고 터득한 경험을 나눈다. 실생활이라는 접근성은 강한 흡입력이 있기 때문이다.

또한 경험은 특정 사람만이 겪는 특별한 일이 아니라 모두가 겪는 일이므로, 참여자들은 자신의 이야기로 받아들인다. 부부 관계의 갈등, 자녀와의 대화 충돌, 가족 관계에서의 엇나감 등 모두 겪는 일인지라 참여자들은 목장에서 자신이 경험했던 치열한 고백들을 소화하여 자신의 이야기로 만든다. 때때로 서로를 향한 끈끈한 정이 깊어져 목장 구성원을 향한 결속력이 다른 목장보다 강해 걸림이 되기도 한다.

목장과 삶공부 참여자들 사이에 일어나는 상호작용은 서로 닮아 가는 동화(同化) 과정이다. 교인이라는 소속감을 체득하면서 가족 이상의 끈끈함을 유지하면서 함께 살아간다. 이 같은 목장에 참여하는 것만으로도 신앙이 성장할 뿐 아니라 가정을 넘어 일터에서 만나는 사람들과의 유대에도 '하나님에게 가까이 가는 과정'으로 받아들인다. 그러기에 만나는 사람마다 소중하게 여기게 된다. 만나는 사람을 VIP라 부른다. 목장과 삶공부는 봉천교회 교인이라는 정체성으로 드러난다.

담임목사와의 인터뷰

담임목사와의 인터뷰는 2020년 12월과 21년 3월 두 차례 이루어졌다. 첫 번째 인터뷰는 교인들에게 어떤 질문을 할 것인가에 대한 인터뷰였고, 두 번째는 교인들과의 인터뷰 내용을 확인하는 시간이었다. 그후, 어느 정도 이 책을 탈고하게 되면서 원고에 대한 담임목사 의견을 듣고자 세 번째 인터뷰를 진행하였다. 2021년 10월 21일 점심 식사 후, 새로 지은 예배당에서 이루어졌다.

54평 예배당 안에서 이루어진 인터뷰는 공간의 울림이 있어서 그랬는지 다소 산만하였다. 이재익 목사와의 인터뷰는 1시간 40분, 나의 물음에 따라 대답하는 형식이었다. 며칠 전, 인터뷰 질문지를 보낸 터라 그 내용에 따라 진행하고자 했으나 종종 곁길로 빠지곤 하였다.

먼저 원고에 대한 느낌을 물었다. 그는 교인들의 신앙이 자라는 모습, 그들의 삶 속에서 신앙이 소중하다는 체험을 체계적으로 정리되어 있어서 자신의 목회를 다시 들여다보는 계기가 되었다고 했다. 질의응답 내용을 정리한다.

Q

"교화를 위해 세워진 게 교회였다? 이게 교회야?"하는 물음에 둘 다 웃기만 하였다. 사진을 열심히 찍던 L 목사도 웃었다. 교회가 어떤 목적으로 세워졌는가는 교회 생명력과 직결된다. 목적이 명확하지 않으면, 교회는 위기를 겪을 때 이겨내지 못하고 분열되거나 사라지기도 한다.

그는 "사연이 많아지는 교회가 되었지"라는 말을 덧댄다. 복음 전파라는 목적이 있는 교회는 갈등이 생겨도 이겨내지만, 그렇지 않은 교회는 홍해가 갈라지듯 목사파 장로파가 되기 쉽다. 결국 봉천교회가 여러 차례 갈라진 원인이 교화에 있지 않겠는가? 그는 이에 대해 천천히 고개를 끄덕였다.

남하한 북한 주민들은 낯선 남한 사회에서 생존하려 교인증이 필요했으므로 교회에 나왔다. 교인증을 얻은 그들은 교회를 떠나고 강화를 떠났다. 교회를 목적이나 수단에 따라 출석한 이들은 이유가 있으므로, 그 숫자가 많았다. 하지만 그들을 교인이라고 할 수 있는가? 오히려 독이었다.

그들이 떠난 자리를 지역 주민들이 채우게 되었고, 지역적으로 하점면 중앙에 있어서 장점이었지만 교회 성장에 도움이 되지 못했다. 그렇지만 이재익 목사가 담임목사로 부임하기 전까지 교화를 위해 세운 교회 목적이나 지역 문화가 45년을 지탱하게 한 힘이었다고 할 것이다. 독이 때론 득을 낳는 밑거름이 되기도 한다.

이 목사는 중고등부 시절에 봉천교회 부흥회도 참석했고, 교회 친구도 있었을 테고, 아버지 장로님도 교회 장로님들과는 친구일 텐데, 어떻게 이렇게 척박한 교회에 올 생각을 했는가? 아마 그 당시 봉천교회 교인들은 망월교회 이 장로님 아들이 우리 교회 목사로 온다고 반겼을 듯하다. "맞지. 그랬지." 그는 말한다. 또한 부임 후, 리더십 충돌을 아버지와 아들의 충돌이라 했는데, 그 상황이 어땠는가?

A

목사가 되고서 아들의 신분이 사라졌다. 부모님에게 이제 아들이 아니라 오직 목사였다. 부모님에게 섬김을 받는 자리에 있다는 것이 당혹스러웠다. 교회도 마찬가지였다. 목사를 하나님의 대리자로 여긴 교인들이 섬기겠다고 하니, 그 또한 받아들이기 어려웠다. 교인이 누구인지 어떻게 살아야 하는지를 고민하는 계기가 되었다. 교회 일로 명절인데도 홀로 계신 어머니를 찾지 않는 자녀들이 보였다. 교회 문화가 가족에

담임목사와의 인터뷰는 2020년 12월과 21년 3월 두 차례 이루어졌다. 첫 번째 인터뷰는 교인들에게 어떤 질문을 할 것인가에 대한 인터뷰였고, 두 번째는 교인들과의 인터뷰 내용을 확인하는 시간이었다. 원고에 대해 묻고자 세 번째 인터뷰가 이루어졌다.

게 상처를 주고 있었다.

리더십 충돌이 생겼을 때, 이 박사 말처럼 아버지와의 갈등이 어려움이었다. 신앙이나 교회를 바라보는 관점 등 달라도 너무 달랐다. 누가 무엇이 옳다는 게 아니라 살아온 삶의 결이 달랐다. 충돌이 일어날 수밖에 없고 서로 양보할 수도 없었다. 추방과 지지. 막상 부딪치고 나자 목사가 영적 리더라는 이미지는 깨졌다. 예배 끝나고 악수하고자 손을 내미는데 욕설하는 교인을 보면서 '이거는 아니다'라고 여겼다. 지금도 그때를 기억하면 가슴이 먹먹하다.

Q

봉천에 부임하고 나서 교회 분위기가 달라졌다. 찬양단도 만들고 찬양제도 매년 개최했다. 사이판으로 지역 주민과 함께 해외여행을 다녀오기도 했다. 오로지 예배만 있던 교회에 이러한 변화는 괄목할 만하다. 젊은 교인들 관점에서 교회 다니는 즐거움이 커졌으리라 여겨진다. 신바람 나지 않았겠나. 그렇게 그들의 문화 욕구가 충족되었는데, 성경으로 돌아가자는 이 목사의 제언에 따르기가 쉽지 않았다고 여겨진다. 교인들 반응은 어땠는가? 그리고 원형목장은 어떻게 시작하게 되었는가?

A

교인들의 반응은 좀 차가웠다. 성경으로 돌아가자는 말을 이해하지 못하였다. 리더십 충돌이 막 지난 상황인지라 긴장감도 없지 않았다. 아내는 교회에서 모이는 속회 모임에 음식 준비를 했는데, 돕겠다고 오셨던 어른들끼리 이렇게 저렇게 해야 한다면서 말다툼이 있을 만큼 만만치 않았다. 게다가 10년 넘게 사택에서 음식을 만들던 아내는 많이 지쳐 있었다. 그 무렵 속회 인도자는 모임을 자신을 자랑하는 자리로 만들었고, 속회원들에게는 훈계 자리이기도 하였다. 참석한 이들은 자존심만 상했다. 어떠하든 교회의 변화가 필요한 때였다.

성경으로 돌아가자고 주장하면서 가정교회가 시작되었다. 그때 고 장로님(그땐 장로가 아니었다)이 속회가 아닌 다른 형태의 모임이면 좋겠다고 제안하였다. 마침 이사한 고 장로 가정에 모임을 가질 만한 공간이 있었다.

Q

토박이 교인들에게 봉천교회의 과거와 현재가 달라진 점이 무엇인지 물었더니, 이구동성으로 '싸우지 않는다'라고 하더라. 원형목장을 통하여 토박이 교인들은 교회에 대한 수치심이 사라졌다. 원형목장이 없었다면, 이 목사도 봉천을 떠나지 않았을까. 목장에서 목사가 진솔하게 자신을 드러내면서 목사와 교인 사이, 교인과 교인 사이에서 해묵은 때가 씻겨지는 치유 의 기간이었다. 그리고 신뢰가 쌓여 갔다. 어떻게 생각하는가?

A

이 박사 말처럼, 원형목장이 이렇게까지 교회를 바꾸리라 예상하지 못했다. 성경대로 살려고 가정교회를 받아들이고 원형목장을 시작했다. 성도들은 나의 목회를 지지해주었고, 성경대로 살려는 의지를 따라와주었다. 목회가 즐거웠고 신바람이 났다.

흔히 목사님들은 아무리 해도 교인들이 바뀌지 않더라고 한다. 그래서 이 교회에서 저 교회로 옮겨 간다. 그런데 교회는 바뀌고, 교인이 따라오면서 달라졌다. 그 와중에 청빙이 두세 차례 있었다. 목적을 가지고 따라오는 성도들이 있는데 어떻게 다른 교회가 가겠나? 배신이라 여겼다. 큰 교회로 옮겨 가는 거라 좋을지 몰라도, 그러면 성도들에게 상처

주는 목사일 뿐이었다. '여기서 끝까지 해보자' 결단하면서, 봉천에서 은퇴하겠다는 마음을 가졌다. 나는 행복한 목사라고 자부한다. 목회가 행복하다.

Q

원형목장이 신뢰를 놓는 텃밭이었다면, 이 목사 목회에서 다음으로 중요한 변화는 '평신도 리더십'을 세우는 일이었다. 이 책에서는 '역할론'이라 하였는데, 실제로 교회에서 이것을 목사의 권위에 대한 도전으로 받아들이곤 한다. 역할론이란 목사와 평신도의 기능적 분화인데, 어떤 계기로 평신도 리더십을 세우게 되었는가?

A

아버님이 장로님이셨다. 모 교회에서 장로의 역할로 목사를 쫓아내거나 견제하려는 모습을 어릴 때부터 보아왔다. 형님들은 장로가 되지 않겠다는 말도 했었다. 나에게 장로는 목사나 성도 앞에 군림하고 텃세 부리는 사람으로 인식되었다. 최영기 목사님은 평신도를 성공시키는 목사가 되어야 한다고 말하더라. 장로가 교인으로부터 존경받고 인정받는 사람이 되게 하는 게 목사의 역할이라 여겼다. 그래서인지 이재권 권사는 친형인 나보다 고 장로님을 더 좋아한다. 직접 음식을 준비하고 교인들의 이야기를 들어주고 어려운 일에 솔선해서 나서고 섬기고 하시니 그를 더 좋아한다. 좀 서운하기도 하다. (그는 웃음으로 말을 끝냈다.)

Q

예배당 보수 공사 기간 동안, 한 달에 한 번 교회에 설교하러 오면서 난 좀 불편했다. 집에서 새벽 6시에 나와 설교를 2번 하고 나면 몸이 힘들기도 했지만, 건축 일에 대해 뭐

할 줄 아는 일이 있어야 하는데, 공구 이름조차 몰랐다. 나 같은 사람은 전혀 도움이 안된다. 그런데 고 장로님이나 이 목사를 보면 온갖 허드렛일을 다 하더라. 어른이라고 나대지 않고 김 권사 진행에 따르고 참여한 교인들도 똑같이 따른다. 고 장로님이나 이 목사가 좀 나서서 뭐라 해도 교인들도 받아들이는 분위기였다. 전혀 불편한 기색이 없었고, 나이 드신 권사님들이 예배당이 흐트러진 모습을 보면서 마음이 상해 걱정하는 말을 하면, 고 장로님이 그분들 마음을 보듬어주고 공사 진행 일정을 자상하게 설명해 주셨다. 그 모습을 보면서, 이게 봉천에서 평신도 '역할론'이라고 생각했다.

A

맞다. 고 장로님은 그런 분이다. 가장 먼저 오셔서 공사 준비를 하신다. 정말 고마운 분이다. 목사로서 나의 역할은 그분이 그렇게 할 수 있도록, 성공하도록 돕는 일이다.

Q

기획위원회 모임을 보면, 목사 안건이 팽 당하곤 한다. (둘 다 웃었다.) 그럴 때 기분은 어땠는가? 지금의 분위기가 되기까지 얼마의 기간이 걸렸는가?

A

거의 10년이 걸렸다. 처음에 기획위를 한다고 모이면, 다들 말하지 않고 있었다. '기획위에서 말하지 않는다?' 처음에는 앞에서 아니라 뒤에서 수군수군하는 것에 화를 내기도 했다. 그것은 위원들의 문제가 아니라 내 문제라는 것을 깨닫게 되었고, 내 뜻대로 되어야 한다는 것은 나의 잘못임을 알았다.

기획위 진행을 12월과 1월에는 목사가 담당하고 나머지는 평신도 위원들에게 맡겼다. 그것으로 인해 그들은 리더 역할을 스스로 터득하면서 회의에서 해야 하는 말과 필요한 말이 무엇인지를 알아가게 되었다. 구경꾼이 아닌 참여자가 되었다. 1인 리더십은 수많은 반대자를 만들어 내지만, 다인(多人) 리더십은 아군과 적군이 없고 동료만 있다. 이렇게 만드는 것은 목사가 해야 하는 일이다. 목사보다 뛰어난 성도를 배출하는 게 목사의 역할이다.

Q

'사회 안에 있는 교회'는 내 설교의 발판이다. 봉천에 오기 전에 섬겼던 교회들에서 설교 잘하는 목사로 평가받았다. 그런데도 뭔가 껄끄러운 느낌을 지울 수 없다는 게 교인들의 반응이었다. 교인들은 '교회가 언덕 위에 있어야 하고 자신들이 빛과 소금이 되어야 한다'라고 배웠다. 사회 위에 있는 교회를 알고 있는 교인들에게, 사회 안에 있는 교회에 관한 설교는 불편감을 안겨주었다. 강의실에서도 다르지 않았다. 학생들에게 꽤 인기를 얻었는데, 그들은 '낯설다'라고 말한다. 그런데 봉천 교인들은 쉽게 받아들인다는 교감을 갖는다. 이유는 뭔가?

A

이 박사 설교는 강의지. 논리적이고. 내가 아는 자매는 "이 박사는 설교에 대해 큰 흐름을 말하고, 내 설교는 큰 흐름에서 꼭 있어야만 하는 내용을 전한다"라고 평가하기도 한다. 전혀 다른 내용으로 설교하는데, 반복해서 듣다 보면 같은 내용이라고 덧붙여 말해주었다. 그게 이 박사가 주장하는 사회 안에서 교회일 것이다. 나는 그것을 가정, 일터, 그리고 교회라는 세 축에서 성도는 어떻게 살아야 하는지 설교를 통해서, 삶공부와 목장에서 구체적으로 제시한다.

가정교회에서 '나의 변화 당신의 행복'이라는 캐치프레이즈는 한쪽의 희생을 강요하지 않는가? 다원화된 사회에서 이것이 모두에게 불가능하지만, 평등 사회를 지향하는 분위기에서 일부 소수에게만 가능하다. 다르게 말하면, '가정교회가 보편성을 띨 수 있을까?' 하는 점에서 나는 회의적이다. 어떻게 생각하는가?

'능동적인 목사, 수동적인 사모'라는 말이 있다. 가정교회를 하기 전, 아내는 나에게 자신이 무엇을 해야 하는지 묻곤 하였다. 나는 아내에게 하나님 일을 같이하자 했는데, 아내는 하나님의 일을 하는 게 아니라 이재익 목사를 돕는 사람이었다. 이건 잘못되었다. 목사 중심의 목회가 아닌 아내도 남편도 하나님의 부르심을 따라야 한다. 교회 안에서 목사의 보조 역할이 아닌 함께 동역하는 목회가 되고자 하였다.

평등을 50대 50이라 여기지 않는다. 가정에서 부부의 역할은 다르다. 자녀 양육에는 아빠보다 엄마의 역할이 더 중요하다. 아빠는 양육에도 함께해야 하지만 다른 역할에도 힘을 써야 한다. 역할마다 차이를 인정하면서 여러 역할이 협치(協治)할 수 있도록 해야 한다.

가정교회에 속하게 된 것은 '성경대로 살자'는 '하나님께서 하라시면 하고, 하지 말라시면 하지 않는다'라는 단순한 원리 때문이었다. 신약 교회로 돌아가자는 주장은 교회를 회복해야 한다는 정신이고, 가정교회는 건물이나 제도와 조직을 세우는 목회가 아닌 가정을 교회의 원형으로 보았다. 난 그것이 좋았다. 제자 교육이 천 가지, 만 가지를 알면 교인이 바뀐다고 했는데 그렇지 않더라. 가정교회에 참가하면서, 나는 교인들에게 하나만 알고 삶에 적용해서 바꾸면 된다고 주장하였다. 하나를 바꾸는 그것이 하나님의 형상을 회복하는 일이라 여겼다. 사람이 바뀌면 가정도 바뀌게 되고, 그러면 일터에서 세상이 필요로 하는 사람이 된다고 믿었다. 그렇게 만드는 일이 교회의 사명이라 여겼다. 하나님께서 원하시는 한 가지를 실천하자 주장했고 교인들은 받아들였다. 그게 목사로서 나의 역할이라 여겼다. 봉천교회가 여기까지 오게 된 이유이다.

Q

봉천교회 미래를 위해서 무슨 일을 계획하고 있는가?

A

10년 전부터 준비하고 있다. 다음 세대의 리더십을 세우는 일이다. 후임자를 준비하는 일부터이다. 난 지금부터 은퇴를 준비한다. 나에게 은퇴란 교회를 떠나는 게 아니라, 다음 세대가 교회를 이어갈 수 있도록 터를 놓는 일이다. 다음 세대가 활동할 수 있게 교회 환경을 만드는 일이다. 지금 중추적 역할을 하는 교인들이 늙어 가는 동안에도 그들의 역할을 새롭게 만드는 일이다.

개인화된 문화에서도 공동체성을 유지하는 일도 있어야 한다. 지역 사회가 필요로 하는 교회로 거듭나는 일이다. 수요에는 공급이 있듯이 교회를 필요로 하는 지역 사회의 요구를 찾아야 한다. 이제까지 교회의 지역 사회를 위한 사역은 지자체로 옮겨갔다. 지방정부의 역할이 확대하면서 당연히 일어나는 과정이라 본다. 교회는 그것들에 더는 집착하지 말아야 한다. 그렇지 않으면 교회는 세상과 끊어진 섬이 된다. 오히려 교회는 그런 흐름에 대항하려다 스스로 빗장을 잠갔다.

삶공부에 참여하는 지역 주민이 생겼다. 우리도 처음 겪는 일이라 걱정이 되었으나, 지역 사회를 섬기는 일로 받아들였다. 쉽지 않은 일이지만 지역 사회가 필요로 하는 일이라면 그것을 하는 게 교회의 사명이라고 여겨야 한다. 가정교회를 하면서 익힌 경험을 다른 교회에 공유하고 있다. 우리에게 좋은 점이라면 다른 교회에서도 좋은 일이지 않을까 한다. 이런 것들은 결국 세상에서 필요한 사람을 세우는 일이자 교회의 사명이다.

우리 주위에 여러 종류의 갈등이 심화하고 있다. 다르게 말하면, 우리에게는 이웃이 없다. 교인도 세상에서는 이웃으로 살아야 하는데, 그렇게 살지 못하고 있다. 목장의 경험을 통해서 우리는 소통하는 법을 배웠다. 남의 이야기를 듣는 태도부터 배웠다. 어떻게 말을 해야 하는지도 배웠다. 목장을 통해 우리는 가족과 소통하게 되면서 관계가 회복되었다. 이런 경험을 바탕으로 앞으로는 교회라는 테두리를 넘어서는 장을 만들어 보자는 마음이 있다. 이웃과 소통하는 목장이다.

봉천교회는 작은 교회다. 작은 교회는 선교를 부담스러워한다. 우리는 보여주기 형태의 선교를 지양한다. 지역 사회의 필요를 공급하는 게 선교이다. 따뜻한 이웃이 되는 게 선교다. 교인 옆에 사는 이웃에게 편한 사람이 되는 게 선교라 여긴다. 우리는 그런 삶이 세상에 빛과 소금이 된다고 본다. 세상이 필요로 하는 역할을 담당하는 교회, 봉천이 그런 교회가 되기를 기도한다.

Q

코로나 이후 교인들이 다시 돌아올까 걱정하는 게 오늘 교회 현실이다. 어떻게 생각하는가?

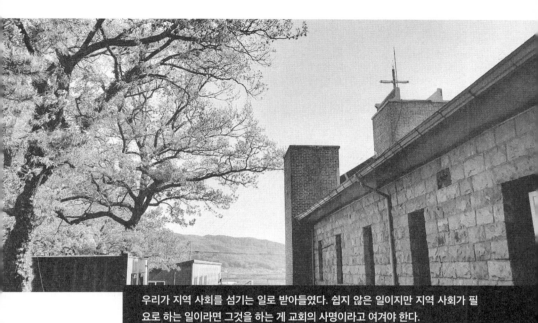

우리가 지역 사회를 섬기는 일로 받아들였다. 쉽지 않은 일이지만 지역 사회가 필요로 하는 일이라면 그것을 하는 게 교회의 사명이라고 여겨야 한다.

성도들은 교회가 필요하지 않다고 하는 말을 듣는다. 마음 아픈 일이다. 교회가 먼저 필요한 곳이 되어야 한다. 개인의 인권이나 프라이버시가 중시되는 시대이다. 성도들도 그런 흐름에 따르고 있다. 교회도 그런 변화를 수용해야 한다. 교회가 있어야만 하는 이유를 이제 새롭게 세워가야 하는 때이다. 과거에 있었던 교회의 존재 이유가 지금에도 유효하다고 생각하지 않는다. 그렇게 되려면 많은 것을 바꿔야 한다. 어떤 경우에는 버려야 하는 것도 있다.

성도는 목사보다 뛰어나야 한다. 그들을 거룩한 백성이 되고 뛰어난 하나님의 자녀가 되도록 섬기는 일이 목회다. 좋은 대학을 졸업했다고 명의가 되는 게 아니다. 환자를 잘 고쳐야 명의라 한다. 신학교 출신이 중요하지 않다는 말이다. 성도들이 하나님을 섬기는 거룩한 백성이 되도록 섬기는 목사가 되어야 한다. 그렇게 되려면 신학도 바꿔야 한다. 교회 조직을 유지하는 내용 중심이 된 신학은 이제 필요하지 않다. 교단도 바꿔야 한다. 교단은 너무 공룡화되어 있다.

코로나 이후, 교회가 겪을 위기를 하나님께로 다가가야 한다는 말씀으로 받아들인다. 교회를 지키려 하지 말고 하나님을 향하는 우리가 되어야 한다. 그런 점에서 이 박사가 나에게 했던 말, "바닥에서 새롭게 다시 시작해야 한다"라는 말에 공감한다. 교회는 바닥에서 다시 시작하는 때가 왔다.

마지막으로, 생활신앙이 무엇인가? 쉽게 말해줘라.

머리로 아는 거랑 몸으로 살아가는 것은 다르다. 말은 많은데 행동은 없다. 사랑한다고 말하면, 사랑해야 한다. 일상생활에서 하나님 모습을 찾아가는 행동이 생활신앙이다. 서로 소통하니까 관계가 회복되더라. 그래서 생활이 달라졌다. 교회 청소년들이 "엄마가 달라졌어요, 아빠가 달라졌어요"라고 말한다. 그게 생활신앙이다. 그것은 뛰어난 교인이 되고 거룩한 하나님의 백성으로 살아가는 삶이다. 봉천교회에서 신앙생활 잘하는 모습은 처음 신앙을 가진 자가 목자가 되는 모습이다. 섬김을 받았던 사람이 섬기는 사람이 되는 것이 생활신앙이다.

Q

이 목사, 고생했어.

A

이 박사, 고마워.

가정교회에 관하여

한국 교회에서 가정교회를 수용하는 이유는 두 가지이다. 하나는 실용적인 목적에 있다. 교회를 성장시키려는 목적에서 가정교회의 장점을 배우려 한다. 다른 이유는 나의 평가인데 가정교회의 특징인 신앙적 교조주의와 문화적 고립주의, 그리고 이민 사회의 민족적 정체성이 2000년 이후 한국 사회 안에서 개신 교회가 처한 상황과 맞물려 가기 때문이다. 이것은 종교사회학적 관점으로 일반 목사들이 갖는 가정교회 평가와는 다르다.

　가정교회는 미국의 이민 한인 사회에서 생겨났다. 미국의 이민 사회에서는 인종적 혹은 민족적 정체성이 중요하게 작동한다. 민족적 정체성을 강화하려는 목적이 종교와의 친화력을 가질 때, 종교적 기관은 중요하게 기능한다. 민족적 정체성을 강화하는 측면에서 이민 공동체 안에서 생겨난 교회들은 주류 사회로부터 문화적으로 '고립(enclave)'을 자처하면서 내부의 결속을 강화하는 경향이 있다. 미국 사회의 모든 이민 교회에서 볼 수 있는 흔한 현상으로 나는 이것을 '문화적 고립주의'라 부른다.

　그렇지 않은 환경에서, 이민자는 다민족 및 다인종 교회로 출석한다. 실제로 백인 다수인 교회에서는 소수 인종의 교인을 쉽게 찾아볼 수 있다. 영화 〈미나리〉에서 주인공 가족이 백인 교회에 참석하는 장면을 그 예라 하겠다. 반면 인종적 정체성이 강하고 소수 인종이 다수인 교회(예를 들어, 흑인 교회)에서는 다른 인종의 교인을 찾아보기 힘들다. 미국 사회에서 교회는 인종적 및 민족적 정체성을 유지하는 기관이 된다. 따라서 이민 사회 안에서 권력이나 사회적 지위를 발휘하는 도구로 교회가 활용되기도 한다. 그럴 경우, 교회는 이민 사회를 유지할 필요를 충족시키는 기관으로 활동한다. 이민 한인 교회 안에서 한글을 가르치는 이유이다.

　가정교회가 주장하는 남성과 여성의 역할을 보면, 남녀평등이라는 시대적 변화와는 거리를 둔 문화적 보수성에 근거한다고 평가한다. 비록 가정교회가 남성과 여성의 동등한 존재로 보지만 기능적인 측면에서는 어느 한쪽의 헌신을 통해 다른 한쪽의 변화를 기대한다.

가정생활의 예를 들면, 아내가 남편에게 헌신하면 남편이 변화한다는 전제인데, 이럴 때 사용하는 캐치프레이즈가 '나의 변화 당신의 행복'이다. 서로 인정하고, 상대를 바꾸려 하지 말고, 내가 먼저 바뀌어 상대를 이해해줘야 한다는 태도다. 그렇게 했음에도 배우자가 변하지 않으면 헌신이 아닌 희생이 된다. 이런 점에서 전통적인 가정 내에서 아내의 희생만을 강요하는 모습과 별반 달라 보이지 않는다.

봉천교회에서는 헌신을 통해 변화되지 않은 예를 찾아볼 수 없는데, 그것은 이미 교회를 떠난 사람들의 예이다. 변하지 않으면 남을 수 없는 조직의 분위기를 주목할 수 있다. 따라서 헌신을 하나님께서 기뻐하시는 일이라는 신앙적 도구화가 되어, 그것을 거부할 수 없는 조직의 분위기를 신앙적 원리로 받아들여야 한다. 난 이것을 '신앙적 교조주의'라 부른다.

가정교회만 아니라 미국 교회에서 생산된 여러 신앙 프로그램들도 문화적 필터 없이 수입되어 성공하기도 했었다.[20] 실용적인 측면이 아닌 다른 측면에서 가정교회의 확산은 한국 교회가 사회에서 종교의 사회적 기능을 제대로 못하는 상태에서 비롯된 결과로 파악한다. 종교 역사를 보면, 사회적 위기마다 종파가 생겨난 현상처럼 가정교회의 확산도 그 현상으로 평가한다.

---

[20]   산업화한 사회의 특징은 생산 지역과 소비 지역이 다르다는 점이다. 이전 사회에서는 생산과 소비가 한 지역에서 이뤄졌으나, 산업사회는 대량생산으로 세계 전역에 판매되다 보니, 종교 문화도 그런 양상을 띤다. 미국 교회에서 만들어진 여러 종교 프로그램이 한국 교회나 제3세계 국가의 기독교에 수입되어 재생산되는 현상도 산업화의 한 현상으로 평가할 수 있다. 미국 기독교의 세계화 현상을 보여주는 가장 좋은 예는 '메가처치(megachurch)'이다.

예배가 우리집
거실로 들어왔다

시어머니는 나에게 사랑이 뭔지를 몸소 보여주신 분이다. 내가 맛있어하는 음식을 기억하고 손수 만들어 주곤 하셨다. 홍어회도 해 주셨다. 그런 분이 갑자기 당뇨 합병증으로 입원한 지 6일 만에 돌아가셨다. 장례를 치르는 사흘 내내 울었다. 세상을 잃어버렸다고 느꼈다. 그분은 나에게 하나님이었다. 시어머니 사랑이 없었다면 아마 남편과 벌써 이혼했을지 모른다. "이럴려고 어머님이 나에게 잘해 줬나!" 하는 마음이 들기도 한다. 하지만 지금도 그분을 생각하면 마음이 따뜻해진다.

시어머니 형부가 돌아가셨을 때, 장지에서 돌아오는 버스 안에서 어머님은 본인도 저곳에 묻히면 좋겠다고 하셨는데, 며칠 뒤에 돌아가셨다. 누구도 예상하지 못한 일이라 어디에 모셔야 할지 가족 모두 당혹해하는 마당에 어머니 말씀을 내가 대신해주었고, 그렇게 어머님이 원하시는 곳에 모셨다.

돌아가시기 전, 시어머니는 성경 필사를 하셨다. 그런 영향인지 남편은 나랑 아이들이 교회에 다니는 것을 막지 않았다. 그러나 몇 해 전, 아이들이 크리스마스 행사 준비를 하는 동안 불미스러운 일로 인해 교회에 대해 불만을 품었다. 한동안 교회를 다니지 않던 아이들이 봉천교회를 다니면서 자연스레 나도 함께 다니게 되었다.

봉천교회 삶공부에 참여하면서 숙제로 남편에게 살가운 말을 건네는 게 엄청 자존심 상했다. 마지못해 했으나, 달라진 나의 태도에 남편도 덩달아 조금씩 달라졌다. 남편을 이해하려는 노력의 보답인지, 남편은 두세 번 봉천교회에 갔다. 남편과 아버지의 역할을 강조하는 설교에 너무 찔렸는지, 남편은 대놓고 봉천에는 못 간다고, 그렇게 할 자신이 없다고 말한다. 교회를 향한 이미지가 더는 나빠지지 않고 조금씩 달라지는 모습이다. 참, 남편은 나에게 종종 고맙다고 한다.

그래서인지 텔레비전이랑 살갑게 지내는 남편은 팬데믹 상황에서 주일 오전 예배 시간이 되면 "하나님이 기다리신다, 빨리 켜"라며 슬그머니 리모컨을 내어주기도 했다. 거실 텔레비전으로 예배를 시청하면서 혹시 남편이 불편해하지 않을까 걱정되어 이어폰을 끼고 있었는데 그냥 켜놓고 시청했다. 간이 배 밖에 나왔나? 남편은 거실을 왔다 갔다 하다가 "잘 듣고 있어?"라며 거들먹거린다. 주일 아침 우리집 풍경이었다.

이제 예배가 우리집 거실로 들어왔다. 코로나의 은혜라 해야 할지. 교회 가야만 했던 예배가 이젠 거실에도 있고, 교회를 싫어했던 남편이 예배를 시청하도록 챙겨주었다. 상상할 수 없던 일이 거실에서 일어났다. 그런 남편 모습에 나도 겸연쩍어 헛웃음을 짓는다. 같이 앉아서 예배를 시청하면 좋겠다 싶어서 "남편도 여기 앉지?" 하는 말이 입 안에 맴돌곤 했다. 남편이 참 많이 변했다.

황 자매 • 봉천교회 성도

초코파이에도
넘어가지 않았는데

    중학교를 미션스쿨에 입학하면서 교회를 다니게 되었다. 초등학교 때에는 초코파이를 준다는 꼬드김에도 당당하게 교회에 가지 않았다. 근자감(근거 없는 자존심)이랄까? 요즈음 말로 중2병이었나? 흔들리는 꽃잎에도 설렌다는 그 시절에 나에겐 죽음이 관심거리였다. 교회는 이런 고민에 빠진 나에게 한 줄기 빛으로 다가왔다. 성실한 성격에다 악착이 습관인지라 교회생활도 충실하였다.

    서울에서 대학을 나와 결혼과 직장, 그리고 육아의 짓눌림을 치르면서 얻은 번아웃은 교회를 다시 찾게 하였다. 교회를 주식회사라 여기고 이번 주 매출은 어땠냐고 비아냥거리는 남편도 교회에 가는 나를 막지 않았다. 우리 부부에게는 교회에 대한 암묵적인 계약이 있는 듯하다. 남편은 '당신이 교회 다니는 것을 막지는 않을 테니 나에겐 함께 다니자고 하지 마' 하는 태도다. 교회는 남편이랑 떨어져 있는 나만의 공간이다.

    강화로 이사해서 집에서 가까운 교회로 다니려 했다. 그게 봉천교회다. 나랑 같은 연배들이 있어 '설거지는 안 해도 되겠구나' 하는 마음으로 출석하였다. 신앙이란 자신의 의지대로 키우면 되는 거고, 교회에서는 배울 게 뭐 있냐는 태도였다. 그런데 삶공부를 접하면서 그런 마음가짐을 내려놓았다. 내 삶에서 다른 것들이 변해야 나도 변한다는 태도로 살아왔다. '남편이 문제고, 애가 문제였지 난 아냐' 하는 나의 모습을 삶공부가 바뀌게 했다.

남편에게 피해가 없도록 하겠다는 다짐을 하고서 목장 모임을 집에서 가졌다. 이재익 목사는 남편을 보자마자 포옹해버렸다. 돌발적인 행동이라 머뭇거렸지만, 이재익 목사의 자연스러운 행동을 남편도 거부하지 못했다.

그렇게 둘은 조금씩 친해졌다. 커피를 좋아하는 남편인지라 가끔 〈카페 나무〉에 들러 이재익 목사랑 얘기하곤 한다. 페북에서도 친구다. 페북에 올린 목사의 글이 좋다는 말도 가끔 한다. 봉천교회와 목사에 대한 거부감은 없다. 그렇다고 교회를 다니려 하지는 않는다.

남편이 목사의 권위적인 태도로 받은 상처는 상당히 깊은 편이다. 많은 목사와 장로의 자녀들이 받은 상처와 같다. 치유하고 회복되려면 살아온 만큼의 기간이 필요하다. 앞으로도 교회를 다니지 않을 수 있다. 그래도 다행이다. 그가 생각하는 목사다운 목사를 페북 친구로 두고, 커피를 핑계 삼아 만날 수 있는 목사가 가까이에 있다는 현실을 고마워한다. 그렇게 교회를 향한 남편의 걸음은 천천히 움직이고 있다.

강 자매 • 봉천교회 성도

PART 4

하 나 님   말 씀 으 로
달 라 진   우 리

교인이 교회를 떠날 때 어떻게 해야 하나?

교인들은 삶의 의미를 부여하는 정형화된 체계를 수용하고, 그에 따른 강제성 띤 문화에 기대어 살아간다. 그 체계와 문화를 교인의 '생활양식(lifestyle)'이라 부른다. 그들은 살아가는 동안 생활양식을 반복하면서 그 의미를 확인한다. 생활양식은 개인의 삶 모든 측면을 가름하는 기준이며 상징을 통해 드러난다.

교회 안에서 상징은 흔히 사용하는 말이나 행위, 유니폼 같은 대상이다. 검정 양복 왼쪽 옷깃에 금빛 십자가를 다는 행위는 특정 종파의 신앙인임을 강조하는 상징이다. 설교하는 동안, '아멘'이라고 외침은 판소리 추임새 이상의 의미를 담고 있다. 그것은 설교 내용에 공감한다는 가치의 응답이다. 가치를 담아 아멘을 외치는 사람은 '따르는 자'로 설정할 뿐아니라 대상 인물을 영웅시하기도 해서 모방하는 의례에 주기적으로 참여한다. 상징·가치·의례·모방의 과정은 교인의 생활양식에 담겨 있다.

교인들은 교회 공간에서 생활양식을 반복한다. 쉽게 말하면, 신앙생활이다. 그들은 그것의 상호작용을 통해 교인들과의 관계를 형성한다. 말이나 제스처, 혹은 음식 나눔, 예배당 배너 등으로 드러나기도 하는데, 교회마다 각기 다른 의미를 포함할 수 있다. 더 나아가 교회의 신조,

조직 구조 등에 영향을 끼친다.

생활양식은 고정되어 있지 않고 유동적인데, 대부분 지역명을 따르던 교회명이 지역명을 따르지 않는 교회명으로 나타나는 것도 현상 중에 하나이며 생활양식의 변화를 반영한다. 교인의 관심, 가치, 행동에 영향을 미치는 생활양식은 교회 문화로 정착하고, 교인의 삶을 해석하는 체계가 된다. 이것을 '생활양식의 교회 문화'이다.[21]

생활양식의 교회 문화는 교회마다 다르다. 교회와 교인들에게 순기능 혹은 역기능으로 작동한다. 한동안 고정되어 있기도 하고 시간의 흐름이나 상황에 따라 급하게 변하기도 한다. 그것이 교인들에게 더는 의미를 주지 못하고 정당성을 인정받지 못할 때, 교회는 위기를 겪는다. 교인들이 교회를 떠나는 계기가 된다. 그런 위기를 겪는 교회는 어떻게 해야 하는가?

생활신앙

봉천교회를 다니면서 교인들이 달라지고 있다. 그들은 일상생활에서 교회 활동에 이르기까지 여러 모양으로 이전과는 다르게 살아간다. 직장에서도 변화를 이어간다. 그들은 일상생활과 교회 활동 그리고 직장생활을 분리하지 않은 하나의 삶이라 여긴다. 이것이 생활신앙이다.

---

[21]　이것은 나의 박사학위 논문에 있는 내용이다. 원문에서는 '생활양식으로서의 종교 문화'라 했으나, 여기에서는 종교 대신 교회로 바꿨다. 국회도서관 홈페이지에서 '이성우', '한국대형 교회 문화 흐름에 대한 반공주의 영향 연구'로 찾으면 원문을 내려받을 수 있다.

이것을 세 가지로 설명한다.

첫째, 사회 안에 있는 교회와 대비되는 교회 중심 신앙생활이다. 이 둘을 공간으로 설명해보자. '사회 안에 있는 교회'에서 사회는 범위의 제한이 없는 공간이라, 사회라는 단어 앞에 '한국' 혹은 '지역'이라는 특정 단어가 필요하다. '한국 사회' 혹은 '지역 사회'이다.[22] 교회는 그 사회 안에 존재하는 종교 조직의 하나이다. 강화군 하점면에는 봉천교회 외에 다른 교회도 있고, 불교의 사찰 등 다른 종교도 있다. 따라서 봉천교회는 하점면이라는 지역 사회에 속한 감리회 소속 교회다. 이런 개념의 교회는 사회 안에 있는 교회이고, 반면에 '사회 위(밖)에 있는 교회'이다.

사회 위(밖)에 있는 교회란 뭔가 이상하다. 교회가 사회 밖에 있다는 게 타당한지 의문이 든다. 그래서 그것은 공간적인 언어가 아닌 종교적 언어임을 알 수 있다. 교인들은 이것이 '세상과 분리된 교회에서의 신앙생활'을 뜻한다는 사실을 잘 알고 있다. 여기에서 '세상'이라는 공간과 '교회'라는 공간이 다른 차원에 있다는 것을 알 수 있다. 교인들은 신앙생활을 '교회라는 공간에서의 활동'으로 여긴다. 나는 이것을 '교회 안에서의 신앙생활'이라 부르는데, 생활신앙과 분리하는 차원에서 '교회 중심의 신앙생활', 이것을 줄여서 '교회생활'이라 부른다.

기독교인은 세상과 분리된 교회가 세상 위에 있고 세상보다 우월하다고 여긴다. 세상과 다른 특별하고 남다른 무엇이 존재하는 곳을 교회라고 말이다. 이런 주장이 생겨난 사연은 기독교가 서구에서 들어왔다는 점에서 기인한다. 문화보다 문명적 관점에서 그렇다.

---

22)　　　'이민 사회'는 위의 설명으로 타당하지 않다. 다른 기준으로 묶어진 집단임을 알 수 있다.

한국 사회 근대화 과정을 떠올려보자. 기독교가 처음 한국에 전파될 무렵, 서구 선교사들이 가진 것에 대한 문명의 확산인지 아닌지는 모르겠으나, 아마 그들에게는 그들이 경험한 문명사회를 그렇지 않은 사회에 보급하고자 했던 '근대의 사회적 상상'[23]이지 않을까 한다.

그래서인지 교회는 '사회 위에 있는 교회' 혹은 '사회 밖에 있는 교회'라는 통념이 늘 지배해 왔다. 목사들과의 대화에서도 이런 뉘앙스를 쉽게 찾을 수 있다. 예를 들면, 정치인이 교인일 때 목사는 그를 정치인보다 종교인으로 부른다. 뭔가 뒤틀린 일이 있으면 '장로 주제에 목사인 나를 가르치려 해!'라는 감정을 갖는다. 정치인만 아니라 다른 직업인들에게도 마찬가지다. 결국 목사는 교회만 아니라 사회생활에서도 자신이 중심에 있어야만 한다는 강박이 작용하는 듯하다. 사회의 분화가 다양하게 심화할수록 그런 생각은 빛바래지고 있을 뿐이다. 그런 생각이 강한 목사일수록 사회에 적응하기 힘들다.

기독교인은 세상보다 우위에 있다는 교회 문화에서 교회생활을 영위한다. 과거에 교인은 목사를 지역 사회의 지도자로, 장로를 지역을 대표하는 인물로 여겼다. 이제 기독교인을 포함하여 누구도 그렇게 생각하지 않는다. 교회 안에서도 마찬가지다. 지역 사회에서 목사나 장로에 관한 평판이 좋을 리 만무하다. 특히 이곳 농촌 같이 익명성이 낮은 사회에서 주민들은 마을에 있는 교회를 훤히 들여다보고 있다. 그들은 목사나 장로의 일거수일투족을 잘 알고 있다. 공무원 사회는 행정 절차를

---

23)   이 표현은 2010년 이음에서 출판한 테일러(Charles Taylor)의 책 『Modern Social Imaginaries』를 번역한 책 제목이다.

무시하는 성가신 인물로 여긴다. 싸움질만 하는 교회에서 뭔 일이 있었는지 훤히 알고 있는 그들에게, 목사나 장로는 가십거리 대상일 뿐이다. 그런 지역 사회의 평판에 노출된 목사나 장로의 행동은 교회의 전도를 가로막을 수밖에 없다. 봉천교회도 예외가 아니었다.

이재익 목사와의 인터뷰에서도 익히 알 수 있는 내용이 있었다. 지역 사회에서 비난받는 사람이 교회 장로가 되고 목사로 있는 상황에서 교회 장래는 어두울 수밖에 없다는 현실, '지역 사회 밖에 있는 교회'라는 그의 말에서 짐작할 수 있다. 그는 지역 주민에게 외면받는 교회가 되는 원인을 교회 리더의 평판이라고 했다.

그는 지역 사회로부터 외면받지 않는 교회가 되려 목회 방향을 다잡았다. 그것은 교회생활이 아닌 교인의 일상생활에서 저마다 신앙적 가치를 세우는 일이었다. 그는 가정과 일터에서 기독교인다움을 찾으려 하였다. 그래서인지 카페 건물과 교육관을 건축할 때, 군수를 찾아가면 쉽게 해결할 수 있다는 교회의 만연한 풍토에도 불구하고 그것을 따르지 않았다. 담당 공무원이 요구하는 절차를 따라 합법적인 과정을 지키려 노력했다.

그런 목사의 모습이 의아했는지 담당 공무원은 "군수님을 찾아가면 될 일을 왜 이렇게까지 하느냐?"라고 했다. 한순간 관계자 모두를 귀찮게 하는 일일지라도, 그는 지역 사회에서 신뢰받는 교회가 되고자 했을 뿐이다.

젊은 목사가 부임하면서 교회가 리더십 충돌을 겪은 후, 안정을 찾아가면서 생활신앙을 강조하는 이재익 목사 모습은 교인들에게도 불편한 일이었다. 주일 예배 후 점심 식사를 마치고 설거지하는 목사의 모습은 교인들에게 무모함이자 당혹감 그 자체였다. 그런 목사 모습을 10년이 훨씬 넘어 이제는 당연하게 여기지만, 처음에는 지역 주민에게나 지역의 다른 교회에서도 가십거리가 되었을 듯했다.

교인에게 강요하기보다 먼저 솔선하는 그의 모습을 통해 생활신앙은 교회에 정착하게 되었다. 원형목장에서 목사 스스로 부족한 모습을 솔직하게 이야기하고 나서 고쳐나가는 모습은 교인들에게 그들도 바꿔야 하는 과제이기도 했다. 부담스러운 일이었을 것이다. 그런 목사의 모습이 교인들에게 퍼지면서 교회는 달라지고 있다. 가장 쉬운 예는 마초 문화이다.

봉천교회에 마초 문화가 사라졌다. 마초 기질을 가진 사람이 없다는 게 아니다. 그런 기질을 가진 사람도 교회나 가정에서 통할 수 있는 분위기가 없다 보니 드러낼 수 없게 되었다. 흔히 교회는 남성이 여성보다 우월하다는 권위적 남성중심주의 문화가 우세한 조직이다. 교인의 반수가 넘게 여성이 많아도 교회에서 마초 문화가 사라지지 않는 내막이다. 여성이 교회에 출석하는 이유에 관해, 그들이 현실에서 얻을 수 없는 성취감을 교회 출석으로 대리 만족한다는 보상 이론처럼, 권위적 문화는 남녀를 불문하고 교회에서 사라지지 않는다.

과거 봉천은 주폭이 만연한 지역에 있는 교회였고, 마초 문화가 당연하던 지역의 교회였다. 교회 내부 갈등은 마초들의 충돌이기도 했다. 그러나 설거지 같은 허드렛일도 솔선수범하는 목사인지라 누구도 권위적인 태도를 드러낼 수 없다. 주일 아침마다 이재익 목사는 직접 커피를 만들어 일찍 오는 교인들에게 나눠준다. 기획위원회에서도 목사와 평신도, 남성과 여성의 권한에서는 차별이 없다. 성인이나 청년이 자연스럽게 대화를 나누는 환경에서도 권위적인 모습을 찾을 수 없다.

둘째는, 생활양식의 변화이다. 난 1995년 한국을 떠났다가 10년 만에 돌아와서 한 달간 머문 적이 있다. 주일 저녁 예배가 없어지고 오후 예배가 대세인 상황을 보고 충격을 받았다. 10년 만에 예배 시간이 바뀐 현상은 사회 변동을 반영한다. 일부 교회들의 저항에도 불구하고 많은 교회는 교인의 참여율을 높이려는 효율성을 선택하였다. 예배 시간을 바꿨다. 그런데 무엇 때문에 예배 시간을 옮겨야 했을까? 교인이 참여율이 줄어들었다면 이유는 무엇인가? 그것은 생활양식의 변화였다. 교인의 생활이 변하면서 교회의 예배 시간을 바꿔놓았다.

지역 재개발이라는 이슈는, 과장된 표현으로 전 국토를 아파트로 만들었다. 서울역에서 지하철 3호선 삼송역에 이르는 통일대로 양옆에는 아파트가 즐비하다. 전국 어디를 가든 아파트가 없는 지역이 없다. 아파트 공화국이다. 강화대교를 건너자마자 왼편에 아파트가 있고 2백여 미터 더 가면 오른편에 우뚝 서 있다.

지역 재개발은 수도권 교인이 지역 교회를 떠나 주일에만 출석하는 '장거리 교인'을 만들었다. 교회 출석을 위해 1시간 정도의 거리 이동은 일반화된 현상이다. 2010~2014년 동안 내가 속했던 교회에는 일산이나 수지에서 다니는 교인들이 반수나 되었다. 그들은 대중교통을 이용하여 교회를 다녔고, 그들 중에는 자동차로 1시간이 넘는 거리를 다니는 교인도 있었다. 주일 오전 예배 이외 예배나 모임을 참여할 수 없는 현실에서도 충실한 교인들이었다.

그 현상이 30년 넘게 장기화하면서 교회학교는 전멸 상태가 되고 있다. 교인의 중고생 자녀들은 어느덧 교회를 오지 않았고, 지역의 또래들과 연결점이 없는 처지이다 보니 교회 부근에서 교회 오는 학생들은 서너 명 정도였다. 주일에 부모와 함께 교회에 올 수 있는 유치원생이나 초등학교 저학년만 남아 있었다.

지역 재개발 혹은 이사를 통해 다른 지역으로 떠난 교인들은 교회를 옮기지 않았다. '자기 교회(home church)'라는 이유, 오랜 기간 관계를 맺은 교인들과 헤어지기 싫은 마음 등으로 새로운 지역으로 이사 가더라도 다니던 교회를 유지했다. 대중교통 발달과 자가용 확산은 그것을 가능하게 만들었다. 도시에서는 지하철과 버스 환승을 통해 어디든지 1시간 정도면 갈 수 있다. 이동 시간이 1시간이 넘어가면 가구마다 자동차를 소유하므로 1시간 정도의 이동 거리를 감내한다.

여가 생활양식의 변화도 주목해야 한다. 사람들은 집단 활동에서 개인 활동으로 점차 옮겨가고 있다. 매년 통계청이 발행하는 〈생활시간조사 결과〉를 보면 한국인들은 개인 유지 활동에 들이는 시간은 점차 많아지고, 교제 및 여가 생활이나 의무 생활의 시간은 줄어든다고 한다. 스포츠의 변화로 헬스장, 필라테스, 등산, 수영 등 혼자 활동할 수 있는 스포츠가 대세이다. 주 5일 근무가 정착하면서 주말에 다양한 활동을 촉진한 레저 문화 확산도 교인 생활에 큰 영향을 미쳤다. 개인화가 확산하면서, 교회에서 함께 활동하는 시간이 줄어들고 개인화된 활동에 참여하는 시간은 늘어나는 추세이다. 지역 재개발, 대중교통의 발달과 자동차 확산, 그리고 개인화된 생활 방식의 확장 등을 통해, 여태까지 교회로 모이는 신앙 활동에는 한계점에 다다랐다.

한국 농촌에도 자동차 없이 활동하기 힘든 환경이 되었다. 도시처럼 자주 다니지 않으므로 대중교통이 있더라도 자가용 문화가 보편화되었다. 봉천교회는 직업적인 이유로 1톤 트럭이나 렉스턴 스포츠, SUV 혹은 세단 등 2대 이상 차량을 소유한 가구들이 있고, 가구마다 대개 1대 정도는 가지고 있다. 차량이 없는 분들은 70대 여성 교인들뿐이다. 교회로 걸어올 수 없고 대중교통을 이용할 수 없는 교인은 교회 소유인 스타렉스 밴으로 오는데, 나이 드신 분들뿐이다. 자동차 소유로 어디든지 이동이 가능한 현실에서, 봉천 교인들은 대중교통으로는 갈 수 없는 교인 집에 모이는 목장 모임도 자가용으로 20~30분 운전하여 참석한다.

봉천 교인들은 주일 교회에 가더라도 예배 이외 예배당을 사용하지 않는다. 교회의 건물 구조는 중앙에 예배당이 있고, 그 옆에 사택이 있다, 왼편에 〈카페 나무〉 건물, 그리고 오른편에 교육관이 위치한다. 점심 식사는 교육관을 사용하고 대화는 카페를 이용한다. 예배당과 두 건물이 분리되어 교인들도 교회에 간다는 생각을 커피 마시러 교회 간다는 느낌과 일치한다.

그들은 주중에 〈카페 나무〉에서 만나 빵과 함께 커피를 마신 후, 교육관으로 이동한다. 건물 구조의 영향과 〈카페 나무〉로 인한 현상이지만, 예배당 건물이 중심된 교회가 아닌 분위기에 교인들은 친숙하다. 교회 주위에 있는 농협과 면사무소 직원들도 자주 커피와 빵을 사러 온다. 영업하지 않는 주일에도 〈카페 나무〉를 찾아오는 손님들이 있다. 교인들에게 교회 건물은 중앙에 있는 예배당보다 〈카페 나무〉와 교육관이다. 다르게 말하면, 봉천교인에게 생활신앙은 예배보다 교인들이 만나 함께 하는 교제가 중심에 있다. 그들에게 예배당은 종교적 상징물이라 해도 될 듯하다. 실제로 그들의 활동은 목장 모임을 하는 교인 집, 〈카페

실제로 그들 활동은 목장 모임을 하는 교인 집, 〈카페 나무〉, 그리고 교육관에서 이뤄진다. 예배당 중심의 교회생활에서 벗어나 있다.

나무〉, 그리고 교육관에서 이뤄진다. 예배당 중심의 교회생활에서 벗어나 있다.

셋째는, 교회 내부에서의 변화도 상당하다. 겉으로 드러난 교회의 외형적인 변화로 주일 오전 예배 이외의 예배나 활동에 참석할 수 없는 지리적 조건, 또는 경제활동에 참여하는 시간과 겹치는 교회 시간, 사회적 기준보다 지체된 교회의 윤리적 가치 등으로 인하여 점차 교인들은 줄어들고 있다. 그런 변화만 아니라 교인들이 교회를 생각하는 관점이나 목사 역할 같은 내부적인 변화도 생활신앙을 만드는 데 영향을 끼친다.

2000년 이후 교회마다 '카페 만들기' 붐이 생겼다. 교회마다 교인이 들어가고 나오기 가장 편리한 곳에 카페를 만들었다. 거리에서도 훤히 보이는 곳이었다. 몇 천만 원 훌쩍 넘는 돈을 들여 만들었으나 주일에만 겨우 사용하고, 주중에는 꽉 닫힌 상태다. 서울의 어떤 교회 카페는 일반 카페와 마찬가지로 영업한다. 교인보다 지역 주민이 더 많이 이용한다.

하지만 대다수 교회가 카페를 만든 이유는 교인을 교회에 더 머물게 하는 데 있었다. 그러나 교회의 충성도가 높은 교인은 그곳을 이용하지만, 그렇지 않은 이들은 다른 곳을 찾는다. 특히 30대와 40대 교인일수록 그런 경향이 심하다. 그들은 교회 카페를 이용하다 다른 교인이나 목사를 만나는 게 불편하다. 교회 건물 활용에 있어 주중 사용 빈도는 급격히 줄어들었다. 교회 건물 중심의 신앙생활에서 교인들이 벗어나고 있다.

나는 미래 교회에서 목사 역할은 과거처럼 다양할 필요가 없고 영성에만 집중해도 된다고 주장한다. 목사가 모든 일을 잘해야 한다는 생각은 오히려 교회를 망친다. 교회가 목사 중심으로 움직일 필요도 없다.

목사는 자신이 설교하는 내용에 따라 솔선하는 모습만 보여줘도 된다는 말도 잊지 않는다.

이런 말들은 기존 목사의 리더십이나 권위에 도전하는 것으로 보일 수 있다. 다르게 말하면, 교회 내 목사의 역할이 달라졌고, 교회마다 목사의 역할은 다양해지고 있다. 영적 리더라는 본연의 역할은 변하지 않으나 그 외 다른 역할에서 영향력이 점차 줄어들고 있다. 목사마다 다르겠으나, 법률적인 문제나 건축 등의 문제에서 일반 목사의 지식으로는 감당할 수 없는 현실이 되었다.

목사의 능력 부족이 아니라 그만큼 사회가 복잡하다는 점이다. 봉천교회는 건축업에 종사하는 교인이 있기에 예배당 보수는 그들이 자재 선정부터 보수 일정까지 책임지고 진행하였다. 그만큼 각종 전문가 평신도가 많다. 목사의 역할이 달라져야 한다는 현실을 반영한다.

봉천교회에서 심방은 주로 나이 드신 분에게만 이뤄지고 있다. 코로나 기간에는 〈카페 나무〉에서 만든 빵을 들고 방문하였다. 목장 모임에서 만나는 교인들은 심방의 필요성을 느끼지 않는다. 목장과 삶공부 중심의 생활신앙에서 심방보다 목장, 다른 모임이나 활동보다 삶공부로 이뤄지고 있다.

지역 사회의 변화, 다양한 영역에 전문가 교인의 등장, 달라지는 교회 내부의 변화, 그리고 목사 역할의 분화 등 교회 건물로 모이는 교회 생활은 과거가 되어버렸다. 앞으로 생활신앙은 교회 건물이 아닌 개인화된 생활 중심으로 전환한다. 개인마다 다양한 생활이 그들에게 의미 부여된 삶이 되므로, 그것을 신앙적 언어로 승화한 생활신앙을 교회는 제시해야 한다. 그런 측면에서 봉천교회의 생활신앙은 앞으로 교회가 만들어 가야 할 하나의 모델이 분명하다. 리더십의 변화에서 엿볼 수 있다.

리더십의 분화

봉천교회는 리더십에 큰 아픔을 겪었다. 리더십의 충돌은 교회에 트라우마로 남았다. 교회를 연구하다 보면, 리더십의 충돌로 겪은 아픔은 물 밑에 가라앉아 숨겨져 있다. 그러다 새로운 상황에서 전혀 다른 인물에 의해서 물 밖, 즉 충돌로 드러난다.

두 교회가 하나로 합쳐진 교회는 예배당에 있던 피아노를 옮기는 일로 충돌이 일어나기도 한다. 피아노 자리를 옮기는 일이 무슨 대수겠나 싶지만, 통합 이후 누적된 감정은 피아노의 이동으로 폭발하게 된다. 권위적인 목사와 평신도와의 갈등이 일어났던 교회는 50년이 지나 비슷한 유형의 목사가 부임하면서 재차 갈등이 일어난 사례도 있다.

교회마다 리더십의 충돌은 다양하게 일어나고 해결책은 어느 한쪽이 떠남으로 무마된다. 해결되지 않은 상태에서, 교인들은 떠난 이를 '교회를 버린 자'로 비난하고, 남은 자신을 '교회를 지킨 자'로 옹호하며 면책하는 논리를 세운다. 교회에 남은 자의 정당성을 위해 모두는 같은 목소리를 내는 일종의 거래를 일삼는다. 거래의 유효 기간은 내부자 사이에서 갈등이 생기기 전까지다. 만일 거래에 충돌이 발생하면 과거의 전철을 반복한다. 그러나 봉천은 달랐다.

봉천에서 목사와 평신도의 리더십 충돌이 일어났고, 그것이 아버지와 아들의 충돌이기도 하였다고 앞에서 언급하였다. 그리고 원형목장을 통해 목사와 평신도 사이에 생겨난 신뢰를 통해 트라우마가 차츰 치유되기도 하였다. 그러면 트라우마는 없어지는가? 아니다. 그것은 여전히 남아 있으며 누구도 알지 못하는 상황에서 다시 발생할 수 있다.

그렇다면 그것은 없어질 수 없는 것인가? 여러 교회에서 반복되는 사례들을 보았다. 그러나 봉천에서는 트라우마가 다른 리더십의 충돌로 생겨날 수 있는 에너지로 발전할 가능성이 없다고 해도 틀리지 않는다. 어떻게 가능한가? 바로 평신도 리더십에서 해답을 찾을 수 있다. 나는 이것을 '리더십 역할의 분화'로 설명한다.

대체로 많은 교회에서 리더십은 목사가 정점에 있고, 그 아래 평신도 직분에 따른 피라미드 형식을 띠고 있다. 목사가 평신도보다 연장자인 교회에서는 그런 형태가 더더욱 강하다. 교회 규모가 클수록 목사의 리더십은 평신도 리더들에 의해 제약을 받는다. 규모가 작을수록 목사의 리더십만 보이기도 하고, 반대로 봉천의 사례처럼 목사가 바지사장이 되기도 한다. 교회 규모에 따라 리더십은 전혀 다른 양상을 나타낸다.

사회에서 여러 분야의 전문가로 활동하는 교인들이 많아지면서 교회 내부에서 목사의 리더십 약화에 영향을 끼쳤다. 전문가의 도움 없이 교회에서 일어난 일들을 처리하는데, 목사의 능력으로는 한계가 있다. 평신도 전문가의 개입이나 활동은 목사 권위에 도전으로 비치는가? 이것은 교회에서 생겨나는 모든 일이 목사의 몫이라는 통념을 향한 도전이기도 하다. 목사의 몫이라는 주장이 많아질수록 그렇게 될 수 없는 현실에 직면한다.

그만큼 사회가 다양하게 분화된 결과이다. 사회는 점점 복잡하게 되었고 다양하게 나뉘면서 목사의 역할은 점차 줄어들고 있다. 목사나 교인은 그것이 목사의 권위를 향한 도전인지 목사 역할의 축소인지를 고민해야 하는 상황에 직면하였다. 하지만 나는 이 현상을 교회에서 리더십의 다양화 현상이자 목회자와 평신도 리더의 역할 분화로 바라본다.

봉천교회에서 이재익 목사는 평신도 리더십을 세우려 기획위원회에서 회의 주관을 목사가 아닌 평신도 위원에게 위임하고 있다. 회의마다 안건에 대해 다수의 동의를 얻어 결정하는데 목사도 1표이다. 때로는 목사가 제안한 안건이 통과되지 못한다. 목사의 반대에도 통과되는 안건도 있다. 위원들은 그것에 대해 목사의 리더십에 금을 내었다고 여기지 않는다. 목사의 안건이 좋은 제안이지만 교회의 현실에 타당하지 않은 것으로 여긴다. 목사도 위원들의 결정에 따른다.

이러는 과정이 여러 차례 반복하면서[24] 목사와 평신도 사이에 이제까지와 전혀 다른 차원의 신뢰가 형성되었다. 서로가 교회를 위해 일한다는 관점에서 다른 의견을 가질 수 있다는 데 있다. 의견의 차이가 갈등이 아닌 합의를 향한 절차라는 사실, 즉 교회를 위해 일하는 자들 사이에 생긴 신뢰이다.

2020년 코로나 팬데믹이 발생하고 나서 7월부터 봉천교회는 예배당 보수 공사를 시작하였다. 교인들은 외부의 건축업자에게 맡기지 않고, 주일마다 자원하여 공사를 하였다. 13개월 지나 2021년 8월에 완공하였는데, 교인들이 목수이자 여타의 기술자들이라 가능한 일이었다. 이 일을 책임 맡은 김정기 권사와의 인터뷰에서, 코로나 상황에 왜 공사를 하였느냐고 물었다. 일반적으로 예배당이 좁아서 혹은 노후화에 따른 이

---

24)   이재익 목사는 10년이 걸렸다고 말한다. 담임목사와의 인터뷰를 참고하라.

유로 공사를 하는데, 그의 대답은 의외였다. '어르신들이 발이 시리다, 계단이 좁고 높아 힘들다'고 하면서, 함께 예배를 드리는 어르신을 섬기기 위해서 공사를 시작하게 되었다고 말하였다.

그는 2007년 리모델링하면서 6개 온돌 판넬을 설치하였는데 자신이 전기공사를 잘못하여 자꾸 떨어진다고 하였다. 그가 늘 미안한 마음을 가지고 있었음을 알 수 있었다. 나는 기획위원회에서 같은 이야기를 여러 차례 들었다. 미안한 마음은 그만이 아니라 기획위원 모두의 마음이었다. 분명, 봉천 교인 모두의 마음이라 짐작한다. 그러니 13개월 동안, 교인 모두는 한마음으로 공사를 할 수 있었다. 공사가 길어지면서 당연히 불평하는 이들도 있겠으나, 그것을 문제로 받아들이지 않았다. 교인들은 교회를 염려하고 공사하는 이들을 걱정하는 소리로 승화하였다.

공사 기간 내내, 이재익 목사는 허드렛일만 하였다. 시골에서 자랐고 이래저래 교회 일에 이골난 그이지만 공사장에서 나대지 않았다. 공사의 총책임을 맡은 고 장로 또한 공사에 참여한 교인들에게 이래라저래라 하지 않고, 김 권사의 계획에 따라 진행하도록 도왔다. 고 장로는 공사에 참여한 교인 중 가장 나이가 많은 60대 중반이다. 다음 50대 후반인 두 명과 중반인 이재익 목사와 김 권사, 그리고 2명의 50대 초반, 3~4명의 40대, 끝으로 허드렛일과 힘쓰는 일에 동원된 청년들. 목사와 장로는 주일마다 예배에 참석하는 어르신들에게 공사 일정에 대해 일일이 설명하였다. 둘은 평생 예배당 중심의 교회 생활을 해온 그들에게 공사로 인해 어질러진 예배당 모습을 보며 마음 아파하는 그들을 위로하는 모습이었고, 새로워질 예배당을 향한 기대를 하도록 돕는 모습이었다.

신앙적 원리: 역할론

예배당 보수 공사에서 가장 중요하게 드러난 리더십의 내용은 역할 분담과 서로를 향한 믿음인 신뢰였다. 3년 전부터 귀촌하여 봉천교회에 출석하는 두 부부가 있다. 한 부부는 나의 신학교 동기 형님네 가정이다. 다른 부부의 남편은 봉천에서 은혜를 받고서 새로이 신앙 열정을 드러내고 있다. 그의 매제는 목사이고 그의 아들은 신학대학원을 다니고 있다. 두 부부 모두 60대 언저리이며, 봉천의 교인들보다 나이가 많은 편이다.

그들은 예배당 공사 기간 주일마다 나와 참여하였다. 익숙하지 않은 일임에도 작은 일이라도 참여하는 모습을 보여주었다. 베이비붐 세대의 끝자락에 있는 이들로 나름대로 사회적 지위를 가진 성공한 사람들이다. 그런 자신의 처지를 내세우지 않고 주일마다 옷에 먼지를 묻히는 일을 마다하지 않았다. 그들의 아내들은 매주는 아니더라도 일하는 교인들을 위해 음식을 준비해 오곤 하였다. 코로나로 거리두기를 하는 동안 교회에서 음식을 준비하지 못하자, 일하는 교인들이 점심을 식당에서 먹을 수 있게 돕는 이들도 있었다.

중보기도 팀은 기도로 공사에 참여하였다. 교인 모두 상황에 필요한 일들을 찾아 자신이 할 수 있는 만큼, 강요가 아닌 자발적으로 헌신하였다. 그런 역할 분담을 통하여 자원하는 행동에서 서로를 신뢰하며 다양한 유형의 리더로 성장하는 토대를 놓았다.

누구나 자원하여 소임을 수행하는 과정에서 봉천의 교인들은 서로를 향한 신뢰가 있었다. 그들이 자원해서 하는 일에 최선을 다하는 태도에는 '하나님께서 원하시는 일을 찾아서 하겠다'라는 다짐이 담겨 있다. 그것은 믿음의 분량에 따라 하는 일이라 크고 작다는 기준이 중요하지 않다. 교인들은 '하겠다'라는 다짐을 중요하게 받아들인다. 누군가에게 하는 일이 미숙하게 보일지라도 만들어 가는 과정에서, 교인들은 인내하며 기다려준다. 실패하더라도 답을 제시하려 하지 않는다. 그가 잘할 수 있으리라는 믿음을 가지고 칭찬을 아끼지 않는다. 때로는 칭찬하는 모습이 '오버한다'라고 느낄 만큼 과장된 모습이기도 하다.

그러나 자존감이 낮은 이에게는 힘이 되는 경험이다. 그들은 삶공부와 목장에서 자존감이 회복되는 체험을 통하여 교회와 직장 그리고 가정에서 하나님의 자녀로 살아가는 힘을 얻는다. 힘을 실어주는 교인의 따뜻한 말 한마디가 그들에게 하나님의 음성으로 들리기도 한다. 교인들은 위기나 힘든 시간을 보내는 교인에게 비난이나 험담을 하지 않는다. 그들은 그가 하나님께서 원하는 일을 찾도록 중보기도로 돕는다. 그런 경험이 축적되면서 교인을 통해 그리고 교인을 향해 다져진 신뢰를 쌓아 왔다. 교인들은 그러한 경험에서 얻은 신뢰를 리더십에 그대로 적용한다.

교회 문화가 바뀌고 교인의 생활도 바뀌었다. 강압적인 리더는 이제 필요없다. 이재익 목사는 권위적이지 않고, 고 장로 또한 그런 사람이 아니다. 둘 다 교회에서 헌신적인 모습으로 활동한다. 기획위원회에 속한 위원이나, 목자들도 권위적이지 않고 헌신적이다. 역피라미드 모습이다. 마초 기질의 사람이 없어서가 아니라 그런 사람은 교회에서 발붙일 수 없다.

리더십 스타일이 바뀌면서 새로운 스타일이 자리를 잡아 가는 과정에서 이재익 목사는 평신도 리더들에게 '역할론'을 제시하였다. 그는 그것을 '하나님께서 원하시는 일을 찾아 실천하는 행동'으로 표현하였다. 교회에서는 그것을 자원해서 일한다는 표현으로 교인이 자발적으로 참여하는 태도를 가진다.

그렇다고 교회에서 흔히 사용하는 '자원봉사'와 비슷하다고 여기면 안 된다. 자원봉사도 교인 스스로 참여한다는 점에서 봉천의 자발적 참여와 같은 맥락이나, 강요된 참여가 아니라는 점에서 다르다. 어떤 일을 하더라도 봉천교인 다수가 새신자이다 보니 활동에서 미숙한 모습이 많으며, 그것을 칭찬하고 격려한다는 강점이 있다. 자발적이라 수동적이지 않고 능동적이며 책임감이 강하다는 장점도 있다. 소극적인 성격의 소유자라도 용기를 내도록 만드는 점에서 그리고 강압적 분위기가 아닌 재능 기부와 같은 성격을 띠고 직분에 따른 의무보다는 자율성을 강조하는 점에서 또 다른 장점이기도 하다.

교인 다수가 새신자라, 그들은 익숙하지 않은 환경인 교회에서 무엇을 해야 하는지를 혼란스러워한다. 그런 측면에서 가이드라인을 제시하는 안내서가 있어도 나쁘지 않은데, 봉천은 그렇게 하지 않는다. 그것이 새로운 창의를 가로막는다고 이재익 목사는 말한다. 교회 활동에 경험이 많은 이들은 봉천의 자발적 참여를 보면서, 교회가 잘 운영될지 걱정되었다고 한다. 다른 이는 이것을 새로 온 사람에게 봉천을 소개하는 일인데, 소홀하다고 평가한다. 최근 봉천 교인이 된 이들은 봉천에 처음 방문하였을 때 '치근덕치근덕하지 않아 좋았다'고 말한다. 그들은 적어도 2~3년 동안 교회에 적응하는 데 힘들었다고 말한다.

그것은 봉천에서 적응하지 못하고 떠나는 이들이 겪는 모습이기도

하다. 봉천을 떠나는 이유는 대체로 두 가지로 볼 수 있다. 하나는 기존 교인인 경우, 봉천에서의 교회활동이 이전 교회와는 다르다는 점에서 그들의 역할이 미비하게 된다는 점에서 오는 '존재의 상실감'이라 하겠다. 다른 하나는 처음 신앙인 경우, 무엇을 할지 모르는 데에서 오는 '역할의 상실감'이다.

과거 봉천에서 목사의 권위는 없었고 리더십도 없었다. 농촌 사회에서 쉽게 볼 수 있는 것으로, 가족 내 나이 많은 이가 교회 장로로 활동하는 형태였다. 가족과 교회는 이음동의일 뿐이다. 어른이 말하면 따르는 구조에서 벗어난 교회에 새로운 리더의 모습을 제시하는 과정은 이재익 목사의 역할이었다. 목사의 이미지를 보여야 하는 과제가 그의 역할론이었다.

그는 '성경대로 살자'라는 설교로, 성경을 삶에 적용하는 내용을 제시하였다. 설교대로 스스로 실천하는 모습을 교인들에게 보여주었다. 열정적이고 성실하며 적극적인 태도로 살아가는 그의 모습에서 교인들은 그를 신뢰하게 되었다. 한 교인은 7년 넘게 봉천교회를 다니면서 한결같은 목사의 모습을 보고 자신이 겪은 상처가 치유되었다고 한다.[25]

원형목장에서 함께 해 온 교인은 이재익 목사를 말과 행동이 다르지

---

25)   그는 과거에 다녔던 교회에서 목사로부터 상처를 받았다고 한다. 이재익 목사의 진솔한
       모습을 보고서도 가식으로 여겨 자기에게 다가오는 이재익 목사를 밀어내면서 경계하였
       다고 말한다. 그러나 봉천교회를 다니면서 그는 하나님의 이미지에서도 변화를 체험하였
       다. 자신과 상관없는 하나님의 이미지에서 벗어나 자신의 삶에 개입하시고 함께하시는 하
       나님 이미지로의 변화이다. 그런 변화로 인하여 교회 활동에 자발적으로 참여하게 되었다
       고 그는 말한다.

않은 목사로 평가한다. 그는 청소년 시절부터 봉천교회에서 생활하였다. 목사의 말을 잘 따르는 사람을 좋은 신앙인으로 평가하는 교회의 풍토를 비판하고, 교인의 자발적 참여와 책임을 강조하는 목사에 대해 호감을 느꼈다고 말한다. 기획위원인 그는 회의에서 목사의 권위를 주장하지 않고, 위원회 일원으로 자기의 목소리를 내는 이재익 목사의 모습을 통해 목사와 평신도에게 소임의 차이에 공감한다고 하였다.

이재익 목사가 부임하고서 교인의 결혼식 주례를 하게 되었다. 주례한 부부 중 2명은 현재 권사 직분으로 기획위원으로 활동하고 있다. 둘다 40대 중반이며 교회 핵심 교인으로 활동한다. 그들에게 이재익 목사 부부는, 형과 언니 같은 목사와 평신도 이상의 끈끈한 연을 맺고 있으나 회의에서 할 말을 다 한다. 때로는 이재익 목사가 궁지에 몰리기도 한다. 회의는 회의일 뿐이다. 회의가 끝나면 언제 그랬냐는 듯 서로 웃고 장난치고 한다. 이재익 목사 부부를 잘 알고 오랫동안 함께 하면서 생긴 친근감도 교회를 향한 열정을 이기지 못한다.

또 1명은 배를 함께 탄 선원들로 목사와 평신도 역할을 표현한다. 각자 맡은 소임을 잘해야 배가 앞으로 나간다는 의미이다. 처음부터 이러지 않았다고 그는 말한다. 그는 기획위원회에서 좋고 싫다고 말하기까지 5년이 걸렸다고 한다(이재익 목사는 10년이라 했다). 싫다고 말하기보다 침묵으로 대신하였다. 하지만 자신의 말을 들어주고 의견을 존중하는 목사 부부 모습을 보면서 달라졌다고 말하였다.

다른 교인들보다 최근 봉천 교인이 된 이들 중에 목사가 설거지하는 모습을 보고 깜짝 놀란 사람도 있다. 집에서 남편도 하지 않는 허드렛일을 어찌 목사가 할 수 있는지 궁금해했다. 멀리 있거나 높은 자리가 아닌, 가까운 곳에서 편하고 친근한 모습으로 목사를 평가한다. 그런 목사의 태도에 감동한다.

오랜 교회 활동으로 해보지 않은 일이 없는 교인의 눈에 비친 이재익 목사는 평신도를 섬기는 모습이라고 평가한다. 하나님과 사람들 사이에 놓인 디딤돌 같다고 말한다. 부모의 신앙을 물려받은 부부는, 목사들의 추락을 보면서 하나님께서 어떻게 저런 사람을 목사로 세웠는지 하는 마음의 상처가 있었지만 이재익 목사를 통해 회복된다고 한다. 자신이 겪은 일을 설교 내용으로 사용하는 이재익 목사를 보면서 상처받은 마음이 회복되기도 했다고 덧붙인다.

이재익 목사를 향한 많은 교인의 평가는 말과 행동이 다르지 않다는 것이다. 목사가 자신을 내세우지 않고 교인마다 처한 상황에 공감하며, 그들을 교회 리더로 세우려 하는 모습에서, 교인들은 자신의 역할을 찾으려 애쓴다. 교회보다 가정에 더 충실하고 가정을 세우는 일이 교회가 할 일이라는 목사의 설교로 인해, 교인들은 가정을 핑계 삼아 교회 활동을 가끔 등한시하기도 한다.

하지만 목사와 교인 사이에는 깊은 신뢰가 쌓여 갔다. 신뢰는 서운한 말이나 행동으로 금이 갈 수 없다. 잘못하더라도 품어준다. 신뢰는 잦은 목사의 이임으로 휘청거렸던 교회의 과거 모습을 극복한 토대이다. 이재익 목사가 교회를 떠나려는 마음을 버리고 봉천에서 은퇴하겠다고 선포했을 때, 반신반의했던 교인들조차 이제는 당연한 일로 여긴다. 목사 역할이 점차 줄어들었으나 교회는 더 활동적이다. 목사가 없어도 교인들은 해야 할 일을 찾아 움직인다. 이재익 목사가 원형목장을 시작하면서 제시한 역할론은 10여 년이 지나 정착하였다.

나처럼 살지
않겠다고?

뭘 말해야 하나? 가슴만 멍할 뿐이었다. 자정이 지난 시간에 먼 길을 찾아온 아들은 무릎을 꿇고 자신의 삶을 말한다. "라면을 스파게티"라 여기며 살려고 하니 신학대학 입학을 허락해 달라고 한다. 쉬지도 않고 떠난 아들의 뒷모습이 눈에서 떠나지 않는다. 아들이 살아가야 할 세상에 비단길을 놓아주지 못할망정, 제 길을 찾아가려는 아들을 칭찬도 못하는 나 자신이 원망스럽다. 아들은 신학대학에 입학했고, 교회에서 신실한 하나님의 자녀로 살아간다. 가끔 아들의 설교를 듣고 있으면 마음이 뭉클해진다.

난 뭐든 다 할 수 있다며 자신만만하게 살았다. 시골에서 서울로 유학 와서 이룰 수 있을 만큼 성공했다. 누구나 부러워하는 사람을 아내로 맞으면서 내 삶에 남은 목표는 성공뿐이었다. 그렇게 앞만 보고 달렸다. 그렇게 오른 만큼 가정에는 그림자가 짙어 갔다. 나는 그러면 그럴수록 성공을 향해 내달렸다. 그런 나를 멈추게 한 건 아들이었다.

애들 인생을 보고 길을 열어주는 게 부모의 역할이라 여겼다. 그렇게 살려면 나는 성공해야 한다고 다짐하며 살아왔다. 그런데 아들은 나와 다른 삶의 가치로 살겠다고 한다. 아들에게 화났고 분을 참을 수 없었다. "이놈의 새끼"가 꼴도 보기 싫었다. 네 놈이 얼마나 잘 사는지 두고 보자는 마음도 있었다. 그런데 알 수 없는 뭔가가 내 안에서 무너졌다. 내가 아들에게 꺾였다.

처제의 남편은 목사다. 그 삶이 어떤지 모르지도 않다. 아내와 난 평범하고 안정된 삶이길 아들에게 바랐다. 그는 그렇게 살아왔고, 대학도 안정적인 직업에 어울리게 선택했다. 그런 삶을 눈앞에 두었는데, 가시밭길을 가겠다니 받아들일 수 없는 선택이었다. 지금도 먼 길을 찾아온 아들의 모습이 잊히지 않는다. 지금이야 자기 길을 찾아가는 모습이 대견스럽지만, 몇 해가 지나도 그때 먹먹한 마음은 지워지지 않고 지금도 가슴을 쓸어내린다.

그 후 난 어떻게 살아야 할지를 몰랐다. 기대를 저버린 아들이지만 그래도 아버지가 되고 싶었다. 그러자 내가 바뀌었다. 가정의 어두운 그림자가 뭔지 보였다. 아내가 그렇게 간절히 바랐던 소원을 이제야 알게 되었다. 그것은 함께 교회를 다니는 남편이었다.

지난 30여 년의 결혼 생활이 주마등처럼 흐른다. 아빠로 남편으로 준비되지 않은 내가 보였다. 아내에게 상처만 주었던 나를 보았다. 그럴 때마다 가정을 지켜온 아내가 대견스럽다. 고맙고 미안할 뿐이다. 이제야 아내에게 "미안해"라고 말한다.

이제는 아이들이 자신의 길을 찾아가도록 기도하는 아버지가 되려 한다. 내가 원했던 길이 아니라도 칭찬해 주는 아버지가 되려 한다. 아내가 그렇게 원했던 남편으로 살고자 한다. 아내 손을 꼭 붙잡고 함께 교회에 가는 남편이 되려 한다. 남은 시간 내내 아내를 보듬는 남편으로 살고프다.

김 형제 · 봉천교회 성도

니네는
교회 다녀라

할머니께서 늘 하셨던 말씀이었다, "니네는 교회 다녀라." 그 사연은 분명 무속인의 가계를 끊고자 함이었다. 글을 모르던 할머니는 우리에게 부적을 쓰도록 했다. '저건 가짠데' 하며 그것에 비는 모습도 싫고 때론 무섭기도 했다.

인터뷰에 응한 교인들 가운데 3명에게 무속적인 종교 경험에 관한 사연을 들었다. 굿으로 병을 고치려 하였으나 새벽 종소리에 이끌려 교회를 다니기 시작했던 할머니를 따라 교회 다닌 이도 있었다. 남편이 단명한다는 무당의 말을 듣고서 교회 다니기 시작했던 어머니를 둔 이도 있었다. 교회마다 무속에 관한 이야기들이 있으며 이런 동기로 기독교 신앙을 받아들인 가족들도 있다. 아마도 기독교 복음이 전파하는 곳곳마다 이런 이야기는 많으리라 여겨진다. 우리에게는 무속에서 기독교로 개종한 이야기이다. 기독교가 타종교적 문화권에 들어가서 생겨나는 1세대에서 겪는 종교적 체험이다.

위 사례에서 무속적 가계와의 단절, 병 고침이라는 현실적 필요가 개종하는 계기로 작용하였다. 그리고 개종하고서 충족하였던 경험을 갖는다. 개종으로 필요가 해결되었는지 알 수 없으나 당사자나 가족은 개종이 해결책으로 여기며 기독교 신앙을 갖는 체험적 신앙의 근거로 삼는다. 이 같은 확신은 그들에게 근원적인 종교적 체험이 된다. 때로는 그들의 신앙이 맹목적 양태로 드러나기도 하겠으나 현실에서는 바위보다 더 단단한 신앙이 된다.

이 자매 • 봉천교회 성도

PART 5

우 리 가   믿 는
하 나 님   이 미 지

어떻게 '남의 옷'을 입었는가?

한국의 개신교인이 믿는 하나님 상(像)은 어떤 모습일까? 서구 기독교가 말해 왔던 그것과 같은 이미지일까? 이런 물음에 시원한 답은 없다. 소수 학자에 의해 한국인의 하나님에 관한 논의는 있었다. 하지만 대다수는 여전히 서구의 것을 한국 교인에게 적용하였다. 지금도 그렇다.

나는 교회성장론을 '돈 놓고 돈 먹기'라며 극단적으로 비난한다. 잘 꾸며 놓은 식당에 손님이 많이 모인다는 경영 논리와 다르지 않아서 그렇게 말한다. 그런 성장론도 한국 교회에서 생겨난 이론이 아니다. 한국 교회에서 만들어진 신앙 프로그램은 무엇이 있는지 생각해보면, 자존심 상하지만, 하나도 없다. 교인들이 교회에서 한 번쯤 들었고 참여했던 프로그램은 거의 모두 미국 교회에서 만들어졌다. 어떻게 남의 옷을 내 옷처럼 입었을까? 근대화·산업화·도시화 등을 들먹여 이유를 설명하겠으나, 명백한 사실은 '내 옷인 양' 했을 뿐이다. 우리는 옷에 몸을 맞추어 신앙생활하고 있다.

또 다른 측면에서 한국인의 신관을 말할 때 무속에서 출발한다. 이것은 철칙이다. 처음 기독교 신앙을 받아들인 사람들에게서 무속 영향은 숱하게 찾을 수 있다. 129쪽 〈니네는 교회 다녀라〉에서도 찾을 수 있다. 그 철칙이 잘못이라 하지 않으나, 다른 시각이 필요하다. 버스터 (Buster) 세대에게도 하나님 이미지를 무속에서 시작할 수 있을까? 아니다. 다른 시도가 있어야 한다.

한국 교회는 많이 달라지고 있다. 교인의 하나님 이미지에서도 예외가 아니라면, 그것을 어떻게 찾을 수 있을까? 학문적 이론이 아니더라도 그것을 좀 더 쉽게 찾고 알아내는 방법은 없을까? 언제까지 남의 옷을 내 옷이라 자랑하며 신앙생활을 해야 하는가? 우리는 왜 그것들을 자체적으로 만들지 못하는가?

청년들에게 드러난 하나님 이미지

인터뷰를 통해 봉천교회 교인들이 믿는 하나님 이미지를 알게 되었다. 나는 그것을 다섯 유형으로 구분하였다. '딱 요만큼 채우시는 하나님', '누구에게나 한결같으신 하나님', '삶을 조정하시는 하나님', '가족 일상에 계신 하나님', 그리고 '나랑 상관없으신 하나님'이다.

다섯 유형은 40~50대에 걸친 하나님 상(像)으로 20대와 30대 초반 청년들에게는 잘 드러나지 않았다. 청년들에게는 '항상 날 지켜봐 주시는 하나님' 또는 '늘 따뜻한 마음으로 보듬어주시는 하나님'으로 드러난다. 이런 이미지들은 그들이 누구로부터 신앙적 영향을 받았는지에 기인한다. 하나님과의 관계가 삶의 질곡으로 영향을 받지 않으며, 가까워지고 멀어지는 관계를 개인의 행동에 근거하지 않는다. 교회활동이 소원해졌다거나 교회로부터 멀어졌다고 해도 하나님이 자신을 벌하신다는 이미지는 없다. 그럴수록 하나님은 자신을 기다리시는 이미지를 갖고 있다. 그래서인지 그들은 하나님의 이미지를 '가정(home)', '하트(heart, 사랑을 뜻하는)', '품(두 팔을 벌려서 안을 때 모습)', '아낌없이 주는 나무' 등으로 표현한다.

청년들에게 드러난 하나님 상을 성인에게도 찾을 수 있는데, 특이하게 1명에게만 드러났다.[26] 그는 '날 믿어주시는 하나님'이라 하였다. 인터뷰에서 그는 하나님과 멀어질 때는 기도생활이 뜸해지고 성경읽기가 성가셔지기도 한다고 말한다. 기도 응답이 없다고 느낄 때는 자신이 하나님으로부터 버림을 받았다는 느낌도 있다고 한다. 목자로 활동하는 그는, 목원이 겪는 여러 가지 일을 걱정하며 때로는 상처받기도 한다고 했다. 감정적 상호작용의 버거움이나 힘듦에서 하나님의 위로를 받는다고 한다.

그는 이런 과정에서 자신을 믿어주시는 하나님을 체험한다. 또한 어린 시절 잘잘못에 따라 벌하시는 하나님에서 벗어나 자신을 믿어주시는 하나님으로부터 사랑을 체험한다고 말한다. 따라서 하나님을 '위로자(Comforter)'로 느낀다고 하였다. 그는 비록 말하지 않았으나, 위로자이신 하나님에게는 그의 삶을 '지탱케 하시는 하나님(Sustainer of God)'도 있음도 알 수 있다.

---

26)   겉으로는 청년들과 비슷하나 내용 면에서는 몇 단계 업그레이드된 하나님 상으로 평가할 수 있는데, '날 믿어주시는 하나님'이라 이름을 붙여 보았다. 그만큼 삶의 엎치락뒤치락 겪으면서 얻어진 상이라 하겠다. 그와의 인터뷰를 두세 차례 더 한다면, 그가 어떻게 하나님을 '위로자'로 표현하는 단계에 이르게 되었는지를 파악할 수 있을 듯하다.

성인에게 드러난 다섯 가지 하나님 이미지

이제부터 하나님 상에 관한 다섯 가지 유형을 소개하려 한다. 이것은 인터뷰한 성인 교인들에게서 파악한 이미지다. 한 사람이 하나의 상만 가지고 있다고 여길 필요는 없다. 한 사람에게 여러 유형의 이미지가 함께 나타나기도 한다. 좀 더 넓게 생각한다면, 이미지들은 인터뷰한 교인들만 아니라 많은 교인이 가지고 있는 보편적인 하나님 이미지라 여겨진다. 기독교인이라면 누구에게나 찾을 수 있으리라 확신한다.

첫 번째 이미지는 개인의 경험이 공동체(원형목장)에서 공유되어 함께 만들어진 하나님 이미지라면, 나머지 4개 이미지는 개인이 체험한 이미지라는 점에서 차이가 있다. 전자는 교인들이 경험된 시점에서 고정된 이미지로 반복해서 기억되나, 후자는 상황이나 환경이 달라지면 바뀔 수 있다는 점에서도 다르다.[27]

딱 요만큼 채우시는 하나님

첫 번째 이미지는 하나님을 '공급자'로 이해하는 '딱 요만큼 채우시는 하나님'이다. 이것은 봉천교회의 공동체 경험으로, 고 장로네에서 원형목장을 시작하면서 체험한 하나님 이미지이다. 우리의 신앙적 경험과

---

27)   개인이 가지고 있는 하나님 상은 어떤 경험을 통해 어떤 유형으로 바뀌는지에 관한 연구는 '종교인에 관한 생애 연구'로 가능하다. 사회학에서는 이것을 미시사회학으로, '질적인 생애사(qualitative biographical method)'로 분류한다. 한국에서 이것에 관한 체계적인 연구는 빈약하다. 한국 교회에서 이것과 비스름한 자서전이나 평전 등으로 특정 인물에 관한 연구는 있다. 그러나 그것은 '그는 무엇을 하였다'라는 사건 중심의 기술로 한정한다. '그가 무엇으로 그와 같은 일을 하였는지'에 관해서는 신앙적 관점(하나님의 소명)으로만 답한다. 그런 점에서 질적 연구로 평가하기에는 아쉬움은 많이 남는다.

비교하면, "나도 그런 경험 있어"라고 말할 수 있는 특별하지도 않고 별난 경험도 아니다. 그러나 개인의 경험이 어떻게 교회 공동체의 경험으로 확대되는지에 주목해 보면, 개인의 종교적 경험도 집단현상이라 할 수 있다.

따라서 교회마다 중요한 종교적 사건이 교인끼리 함께 겪은 공동체 경험이라면, 그것은 집단의 종교 체험이 된다. 집단현상을 공동체의 기억으로 만드는 것은 공동체에 속한 개인들에게 의미 있는 사건이었기에 가능하다. 의미 있는 사건이라 하더라도 순기능만이 아니라 때로는 역기능으로 작용한다. 좋은 사례만 있지 않다는 뜻이다.

교회는 신앙으로 매어진 공동체이다. 신앙을 빼면 시체이다. 교인은 신앙으로 자신이 누구인지를 드러내려 한다. 신앙을 다른 말로 '정체성'이라 말해도 틀리지 않는다. 자신이 누구인지 무엇을 위해 살아왔는지도 정체성으로 말한다. 같은 성경 구절을 읽어도 다르게 해석하는 이유가 여기에 근거한다. 정체성이 다르므로 예배에 사용하는 찬송의 선택도 다르다.

목사는 설교와 같은 맥락에서 찬송을 선택하나 실제로는 교인들이 선호하는 곡이라는 공동체성을 담는다. 교인들이 좋아하는 찬송가는 그들이 살아온 삶의 여정을 반영한다. 설교는 신앙 공동체가 겪은 여러 일상에 종교적(신학적) 의미를 해석하는 내용을 담는다. 예배당에 걸린 배너는 교회의 정체성을 전한다. 주일 점심의 메뉴는 다를까? 교회에서 행해지는 일들 대다수는 정체성을 함축한다.

원형목장에서 음식 준비는 고 장로 부부에게 경제적으로 힘든 일이라는 사실을 모르는 교인이 없었다. 이런 상황에서 음식을 준비할 수 있는 만큼 돈이 생기는 경험을 '딱 요만큼'이라고 표현한다. 인터뷰에서 부부는 수요일이면 음식을 준비할 수 있을 만큼의 돈이 통장에 입금되면서 "하나님께서 딱 요만큼만 주시더라"고 말하였다. 원형목장에 모인 이들이 함께 먹는 음식은 평소 집이나 식당에서 먹는 음식과 다르지 않으나, 비교할 수 없는 상징성을 담는다.

그것은 '주의 만찬(고린도전서 11:20)'으로 비유할 수 있다. 원형목장에서의 식탁은 예수 그리스도의 살과 피를 상징하는 성찬에 참여하는 일이기도 하였다. 그들이 악착같이 모였던 이유였다. 밤을 새워도 힘들거나 지루하지 않았으며, 그들은 한몸이 되었다. 함께 대화를 나누면서 그들은 신앙 공동체로 묶이고 앞으로 있을 숱한 고난에도 이겨내는 힘을 얻을 수 있었다.

매주는 아니더라도 반복하면서 생겨난 '딱 요만큼'의 이야기는 목장에 참석한 모든 이들에게 그들 자신의 이야기가 되었다. 집단현상이다. 원형목장에 참석하지 않은 교인이나 새로운 교인들에게 '딱 요만큼'은, 봉천의 교인이 되는 과정에서 그들이 경험해야만 하는 종교적 현상이자, 그것을 모방 혹은 답습해야 하는 신앙적 통과의례가 된다. '딱 요만큼'이 봉천에서 교인이 되는 롤모델이라면, 그것은 누구나 받아들여야 하는 신앙적 모델의 원형이 되어야 한다.

이럴 경우, '원형(original form)'이라는 단어를 사용할 수 있다. 그것은 교회에서 교리 같은 규범으로 작용한다. 버거(Peter Berger)의 말을 빌린다면, 원형목장에 참여한 이들이 겪은 '딱 요만큼'은 첫 경험으로, 원형적 사건으로 그들 모두에게 성스러운 사건이 된다. '외면화'이다. 만약 봉천교회의 교인이 되고자 하는 이가 누구나 이 사건을 자신의 경험으

로 당연하게 수용한다면 '대상화'가 이루어지는 것이다. 그럴 경우 새신
자는 그것을 자기 신앙의 일부로 고백해야만 한다(내면화).

하지만 봉천에서 '딱 요만큼'이라는 원형목장의 경험은 대상화로 발
전되지는 못하였다. 봉천교회만의 정형화된 교리가 되지 못했다는 점
이다. 목장에서 과거에 있었던 이야기를 가끔 나누고 있을 뿐이고, 결국
새신자들은 과거 원형목장에서 그런 경험이 있었다는 후일담 정도로 받
아들인다.

누구에게나 한결같으신 하나님

두 번째 이미지는 '누구에게나 한결같으신 하나님'이다. 인터뷰에서
여러 교인에게서 드러난 하나님 상이다. 아마 한국 기독교인에게 가장
흔한 이미지이지 않을까? 더 많은 교회에서 교인들을 인터뷰한다면, 이
것이 보편적 상인지 아닌지 알 수 있을 듯하다. 여기서 제목에 '모든 사
람에게'라는 뜻으로 '누구에게나'를 붙였다.

'한결같다'는 의미도 '누구에게나' 의미를 담는다. 또한 '언제나, 지속
해서, 변함없이'도 포함한다. 따라서 '누구에게나 한결같은'의 의미는 모
든 사람에게 '공평하신 하나님 이미지'라는 보편성을 강조하고자 중복해
서 사용한다.

이것을 두 가지로 나눠 설명할 수 있는데, 첫째는 하나님과의 관계에
서 개인의 심리적 상태를 반영한다. 내 삶에서 한결같으신 하나님이다.
"나를 사랑하시는 하나님," "나를 챙겨주시는 하나님," "나를 돌보아 주
시는 하나님," "나를 지켜주시는 하나님" 등으로 표현된다. 그래서 이것
을 가장 흔한 하나님 상이라 말한다. 개인의 경험에서 자신이 무엇을 하

든, 어디에 있든, 심지어 교회를 다니지 않더라도 함께하시는 하나님으로 느끼면, 하나님에 관해 '포근하다' 그리고 '따뜻하다'라는 친밀한 감정을 드러낸다.

이런 감정이 강할 때, 일상생활에서 활기차고 적극적인 활동이나 긍정적인 생각 또는 낙관적인 해석을 하기도 한다. 그렇지 않을 때 자신이 하나님으로부터 멀어졌다고 느끼면서, 하나님에게는 '미안하다' 혹은 '죄송하다'라고 느낀다. 그런 감정이 강해지면, 불안해지고 자신의 잘잘못이나 과거의 후회스러운 모습까지 소급해서 자신을 탓하고, 하나님으로부터 버림받지 않을까 하는 두려움에 빠지게 된다. 소극적이고 소심한 생각으로 자기비하적 태도를 보이기도 하고, 부정적이고 냉소적인 태도가 교회활동이나 일상생활을 지배한다.

둘째로, '한결같으신 하나님' 이미지는 교회활동에서 갈등의 구조를 만들지 않는다. 하나님과의 관계를 안정적으로 여기면, 하나님으로부터 감정으로 사랑, 평화, 안정, 자존감 등을 느끼므로, 다른 교인과의 관계에서 하나님께서 나보다 상대방을 더 사랑하신다는 차별감을 느끼지 않는다. 하나님께서 공평하다고 여긴다. 교회생활에서 어떤 연유로 교인 사이에 불편함이 생겨도 그것을 문제로 만들지 않는다. 자신과 다른 교인에 대해 정서적으로 친근감을 유지하므로, 자신의 힘든 일에 대해 솔직하게 말할 수 있다. 다른 교인이 자신을 수용하거나 이해하지 못하는 상황이 생겨도 그것을 받아들이는 여유를 갖는다.

그러나 하나님과의 관계를 안정적으로 느끼지 못할 때는 교인과의 관계에서 사소한 일이 생겨도 격한 감정을 드러내고, 자신에게는 잘못이 없고 상대 교인의 잘못만을 강조하면서 그를 비난하거나 위협하는 태도를 보인다. 다른 예는, 자신에게는 지나치게 엄격한 기준으로 자신을 평가절하고, 상대 교인에게는 어떤 연유로 관대하게 평가절상하기도 한다.

이런 두 가지 모습이 합해지면 '나와 상관없으신' 하나님으로 느껴지기도 한다. 따라서 교인과의 관계에서는 일관성이 없고 만날 때마다 변덕스러운 행동을 보이기도 하고, 자신이 소외당하고 차별받는다는 감정이 격할 때는 교회를 떠나겠다는 반응을 보이면서 갈등 구조를 만든다.

그런 감정은 다양한 상황에서 발생하나, 대체로 자신이 교회의 특정 일원이 되지 못한 상황에서 느끼는 서운한 감정이 강할 때 생겨난다. 그럴 때 감정을 드러내기도 하지만, 때로는 교회 구조의 부조리나 관계의 불평등을 비난하거나 비판하는 말이나 행동으로 드러낸다.

나는 이것을 '기대 상실에 따른 좌절된 분노'라 부르려 한다. 예를 들어, 하나님에게 무엇을 바라면서 기도를 하였을 때(목적 기도), 그것이 성취되지 않은 좌절된 현실에서 우리는 "하나님은 내 기도를 들으시지 않아!"라고 서운한 감정을 표현한다. 더 열심을 드러내기도 하겠으나, 그런 열정이 식으면 교회활동이나 참여를 멀리한다. 경우에 따라서 교회와의 관계를 끊기도 한다.

상황이 바뀌어 기대를 성취하거나 혹은 좌절에 관한 해석이 달라질 때 개인은 중요한 종교적 경험을 체험하는데, 그것으로 하나님과의 관계가 회복되어 안정을 찾는다. "하나님은 나를 버리지 않으시고 기억하고 계셨어" 하는 감정으로 한결같으신 하나님을 경험한다. 기대 상실이 회복되면서 가지는 하나님을 향한 표현이다. '누구에게나 한결같으신 하나님' 이미지는 목적 기도가 이뤄지지 않는 상실이나 교회의 구조적 모순에서 생겨난 불평등한 관계에 기인한다. 그것의 치유와 회복, 곧 목적의 성취와 관계적 차별이 사라지면서 얻은 하나님 이미지이다.

따라서 '누구에게나'를 평등이나 공평, 차별이 없으신 하나님이라는 딱딱한 개념으로 이해하기보다, 치유와 회복이 이뤄지는 과정까지 포괄하는 감정적 역동성으로 표현하는 것이 교인이 말하는 하나님 이미지에 훨씬 가깝다. 결국 '누구에게나 한결같으신 하나님' 이미지는 교인들에게 정감적으로 더 편하고 안도감을 주기도 한다.

여기에서 한결같으신 하나님 앞에 '누구에게나'를 붙인 이유는, 앞에서 '모든 사람에게'라는 의미 그리고 회복과 더불어 더 중요한 점이 있다. 그것에는 겉으로는 드러내지 않은 상태에서 숨기고 싶은 감정 혹은 생각을 다른 무엇으로 표출하는 힘[28]을 품는다.

인터뷰에서 예가 있다. 현재 봉천에서 중심적인 역할을 하는 교인인 그는, 교회 선배들이 고등학교를 졸업하고 강화를 떠나 명절 연휴 동안 집에 머물지만, 교회에는 참석하지 않는 모습을 보았다고 한다. 그는 절대 교회를 떠나지 않겠다고 기도하였다고 한다. 그런 선배의 모습을 보면서 여기 봉천교회에 예배가 끊어지지 않게 해 달라고 기도했다. 그에게 예배는 '영광의 자리'였기에 그 자리의 귀퉁이라도 서고자 하는 마음을 품었다.

그런데 지금 봉천 상황에서는 예배만 아니라 여러 활동에서 중심 역할을 하고 있다. 개인은 목적 성취라는 기대가 없으면 움직이지 않는다.

---

28)   이런 힘을 고프만(Erving Goffman)은 "underlife"라 한다. 나는 이것을 '이면의 역동력'으로 번역한다. PART 6을 참고하라.

그런 점에서 영광의 자리 모퉁이라도 서려 했던 마음은 기대 상실에 따른 좌절된 분노가 순기능으로 작용하면서, 그가 오랜 기간 교회에서 살아갈 수 있게 만든 힘의 원천이다. 교회 활동을 넘어 일상생활에서 그를 알고 지낸 사람들은, 그의 '통전적 모습(integrity)'을 통해 봉천의 교인이 되었다.

삶을 조정하시는 하나님

세 번째 이미지는 '삶을 조정하시는 하나님'이다. 조정(調整)이란 일상에서 일어나는 일들을 어떤 기준에 맞추어 활동한다는 뜻이다. 대개 조정이란 갈등이 일어나는 상황에서 화해하거나 서로 타협점을 찾도록 돕는 역할을 뜻한다. 상황에 따라 기준이 절대적일 수 있고 상대적일 수 있다. 이렇게 정의하면, 우리는 늘 조정이라는 현실에 직면한다. 누구를 만나 어떤 일을 하면서 조정을 통해 관계를 형성하고 일을 진행한다. 순조롭거나 혹은 힘들 뿐이다. 힘들 때 우리는 하나님께 기도를 통해 지혜를 찾는다. 인터뷰에서 조정 상황에 놓일 때, 교인들은 기도한다고 응답한다. 감정을 꾹 참고, "어휴, 하나님, 이럴 때 어떻게 합니까?"라는 기도이지 않을까!

조정에 관해 말씀하는 성경 구절이 많다. 설교 본문으로 사용한 로마서 12:2, 잠언 3:5~6은 가장 좋은 예이다. 사람이 살아가는 관계는 늘 조정해야 한다는 점에서 과거나 현재나 별반 다르지 않다. 부부 관계, 부모와 자식 관계, 직장에서의 관계, 목사와 교인의 관계도 조정해야 할 필요가 있다.

그런데 인터뷰에서는 유독 남자 교인에게만 이런 하나님 이미지가 강하다는 점이다. 한 분은 하나님의 이미지를 '신호등'으로 표현한다. 녹색불이면 움직이고, 빨간불이면 멈추는 기능을 지시하는 신호등처럼 하나님의 말씀에 자신의 행동을 맞춘다는 내용이다. 조정이라는 이미지에서 두 가지를 생각하였다.

하나는 '결정론적인 태도'다. 세상의 모든 일이 일정한 인과 관계에 따른 법칙으로 움직이므로 우연이나 선택이 없다는 주장을 '결정론(決定論)'이라 한다. 그것은 인간의 노력으로 바꿀 수 없는 미리 정해진 결과라는 숙명론과는 다르다. 앞에서 말한 신호등은 결정론과 비슷하겠고, '예수라면 어떻게 했을까?' 하는 물음이 결정론의 좋은 예라 하겠다.

그러나 인터뷰에서는 결정론적인 태도라도 약간의 차이를 발견하였다. 문제나 갈등을 해결하는 혹은 일을 진행하는 과정에서 개인의 감정으로 더 꼬일 수 있는데, 하나님의 도움으로 해결되었다는 고백에서 찾을 수 있었다. 이것을 '결정론'이라 하지 않는 근거는 예수라면 이랬다는 기준이 이미 정해진 것에 반하여(이것을 결정론이라 한다면), 상황에 따라 기준이 달라질 수 있다는 점이다. 유연한 태도라 하겠다.

다른 하나는 '자발성'이다. 상황에 따라 기준이 달라진다는 점과 더불어 해결하는 주체가 누구인가 하는 점이다. 여기서 하나님께서 보스처럼 직접 나서서 해결한다는 측면이 아니라, 하나님의 지혜를 얻어 스스로 해결책을 찾아간다는 관점을 '자발성(自發性)'이라 부른다. 해결하는 주체는 보스(하나님)가 아니라 나(인간)이다.

하나님의 도움으로 사람이 조정하는 힘을 얻었다는 고백은 중요하다. 삶을 조정하시는 하나님을 다르게 말하면 '하나님의 지혜'이다. 세상의 창조주이신 하나님께서 모든 지혜의 근원이라는 뜻이다. 지혜자이신 하나님에게 조정을 청하는 것은 사람에겐 당연하다. 인간은 하나님께서 자신의 삶을 조정하신다는 믿음으로 살아간다. 삶을 조정하시는 하나님에서 가장 중요한 점은 하나님의 도움(지혜)으로 실마리를 얻었지만, 해결의 주체는 자신에게 있다는 자발적인 태도이다.

이것은 교인이 더는 수동적 태도를 가진 신앙인이 아니라는 점에 주목한다. 더는 맹목적인 신앙인이 아니다. 성별이나 개인의 직업적 환경, 결정론적 태도, 세대 등에서 정도의 차이가 있겠으나, 이런 자발성이 강한 교인일수록 조정하시는 하나님의 이미지가 더욱 잘 드러나리라 본다.

인터뷰에서 유독 남성이라는 궁금점보다 개인의 자발성에 근거한다. 따라서 자발적 참여가 강한 교인일수록 삶을 조정하시는 하나님의 이미지를 쉽게 찾을 수 있다. 자발성이 약한 교인이라면 하나님의 직접적 개입으로 문제가 해결되었다고 강조한다. 더 확장한다면, 교인의 자발적 참여가 강한 교회일수록 평신도 리더십의 역할이나 활동을 강조하리라 짐작할 수 있다. 하나님의 이해가 교회 안에서 평신도 리더십에 영향을 미칠 수 있다는 사실을 의미한다.

가족 일상에 계신 하나님

네 번째 이미지는 '가족 일상에 계신 하나님'이다. 봉천교회에서 이것은 교회 중심의 신앙생활에서 벗어나 가정 중심이나 개인 신앙생활을 강조하면서 생겨난 현상으로 볼 수 있다. 많은 교회에서 부모와 함께 교회를 다니는 자녀는 유치원생이나 초등학생 정도이다. 중학교를 입학하면 교회보다는 학원을 선택하는 추세가 많다. 주일도 예외가 아니다. 종

교적 가치보다 학업 성적을 더 중요시하는 선택에서 교회 출석은 선택
항목에도 들지 않는 하찮은 것이 되곤 한다.

그런 상황에서 기독교인 가정에서 종교 이야기는 요원한 모습일 듯
하다. 성경이나 성경에 관련된 책들에 먼지가 묻어 있는 게 흔하지 않을
까! 부모는 자녀에게 종교의 필요성을 이야기하지 않는다. 우리는 교회
마다 교회를 다니지 않는 목사와 장로의 자녀 이야기를 듣는데 그들에
게는 하나의 패턴이 있다. 열심히 교회를 다녔으나 청년이 되면서 다니
지 않게 되었다는 것이다. 그들이 교회를 떠난 이유는 다양하겠으나 주
된 사연은 교회와 가정에서 달라지는 부모의 이중적인 태도, 모순된 말
과 행동이라 해도 무방하다.

인터뷰에서 자녀에게 종교가 필요하다고 여기면서 봉천교회를 찾
은 부부는, "아빠가 하나님 얘기를 하려면, 하나님 말씀답게 살아야 하
니까"라는 말을 하였다. 이 같은 말에 기독교인이라면 누구나 공감한다.
우리 모두 그런 마음을 가지고 신앙생활을 하고 있다. 그러나 하나님 말
씀답게 살아가는 모습은 다른 차원이다. 신앙대로 살아가는 버거움을
알고 있으므로 때로는 신앙에 눈을 지그시 감기도 한다.

그들 부부도 교회와 가정이 분리된 교회생활을 해왔다. 부부의 부모
님은 교인이 아니다 보니 가정에서 신앙교육을 어떤 형태로 해야 할지
알지 못하였다. 그런 상황에서 그들은 봉천교회에 참석하게 되면서 그
리고 원형목장을 통해 개인의 삶에서 하나님과의 관계성을 구체적으로
배우기 시작하였다.

오랜 기간 교회를 다닌 아내는 가정에서 하나님 이야기를 하는 게
'부끄러운 거 같아요'라고 말한다. 그러나 익숙하지 않은 이야기를 자녀

와 함께 나누는 모습을 가정에서 시작하였다. 자녀와 함께 기도하는 모습에서 예상하지 않은 일도 경험하곤 하였다. 기도의 내용이 이뤄질 뿐 아니라 가족 안에서 서로 신뢰를 쌓아 갔다. 흔히 말하는 중2병을 거치는 자녀와 함께 기도하며 대화를 나누며 부모의 신앙을 자연스럽게 소개할 수 있었다. 봉천교회에서는 이런 모습이 그다지 낯설지 않다. 가정마다 일어나고 있다.

최근 봉천교회를 출석하는 부부는 이런 모습을 봉천의 장점이라 말한다. 그들은 부모로부터 신앙을 이어받은 이들로 봉천에서 몇 안 되는 대물림된 신앙의 가정이다. 남편은 자신의 신앙을 외할머니로부터 이어받았다고 했으며, 3대째 기독교인이라는 자부심이 대단하다. 아내는 2대째였다. 교회 중심으로 살아온 이들 부부는 주일만 아니라 수요예배나 금요 철야 등 한 주 동안 3~4일을 교회에서 지내곤 했다. 한국 교회에서 70대나 60대 언저리의 교인들에게 흔한 교회 중심 신앙생활을 해온 모습이다.

인터뷰에서 좋은 신앙의 부부 모습을 보았다. 그들 모두 지방 출신이었는데, 남편은 강원도, 아내는 충청도, 둘 다 부모의 신앙으로부터 큰 영향을 받았다. 서울에 있는 교회에서 만나 결혼했고, 둘 다 성실하고 충실하며 교회에 헌신적이었다.

아내의 가정이 교회를 다니게 된 사연은 참 재미있다. 한국의 종교 풍토에서 흔한 기독교 수용 과정 이야기이기도 하다. 개신 교회 처음 신앙 유형이다. 아내의 어머니에게 고모 되는 분이 무당이었다. 그분은 어머니에게 신앙을 가지지 않으면 남편이 3년 안에 객사한다는 말을 전했다. 그런데 마을에서 굿을 해도 고쳐지지 않던 여성이 '요단강을 건너야

되는데 십자가 없이 안 된다'라고 하면서 교회를 다니기 시작하자, 마을에서 교회는 미친 사람이나 다니는 곳으로 소문났다. 어머니는 남편을 살리기 위해 미친 사람이 다니는 교회도 마다하지 않고 다니기 시작하였다.

인터뷰에서 "그래서 아버님이 오래 사셨어요?"라고 물었더니, 83세까지 사셨다고 한다. 무당의 말을 듣고 교회를 다니게 되었고 장수하였다는 종교적 현상을 서구 기독교 해석으로는 설명할 수 있을까? 무속 신앙과 기독교 신앙을 연결하는 매개체는 대체 무엇일까? 이 같은 유형으로 시작한 신앙에는 체험이 각별하게 작용한다.

그래서인지 그들도 체험적 신앙을 중요하게 여긴다. 그들 부부가 경제적 위기를 겪으면서 헌금도 못하는 현실에 부닥치면서, 교회에서 점심 먹기에 죄송스러웠던 시절이 있었다. 그런 상황에서 아내는 '작정 십일조'를 하자는 제안을 남편에게 했고, 부부는 작정 십일조를 하면서 경제적 안정을 찾았다고 한다. 지금도 깨끗한 돈으로 헌금한다. 최근 이런 신앙 모습이 퇴색하기도 하였으나 한국 교회 처음 세대가 가진 종교적 현상으로 부모 신앙의 대를 잇는 모습이다.

인터뷰에서 시어머니 신앙으로 가정을 지켜 가는 며느리를 보았다. 한 명은 결혼 전부터 교회를 다녔고, 한 명은 결혼 후 교회를 다녔는데, 모두 시어머니에게서 영향을 많이 받았다. 전자는 남편과 힘든 일이 생기면 시어머니와의 대화를 통해 위로를 받았다. 시어머니가 "우리 막둥이 애기 어떠하냐"는 말로 위로하면서 너를 위해 기도하고 있다는 말에 힘을 얻었다고 한다. 후자는 며느리가 좋아하는 음식을 준비하는 시어머니의 손길을 잊을 수 없었다.

두 며느리에게 시어머니는 자신을 낳아 준 어머니보다 더 강하게 연결되어 있다. 후자는 시어머니를 친어머니보다 더 좋은 분이라 한다. 신앙적 연결이 혈연적 연결보다 중요하게 작용하는 사례라 하겠다.

더더욱 의미 있는 내용은 시어머니와 신앙적으로 연결된 두 며느리에게 나타난 하나님 이미지이다. 그들은 '어떤 현실에서도 자신을 지켜주시는 하나님'의 상을 가지고 있다. 현실에서 숱한 어려움을 겪고 삶의 위기를 극복하는 과정에서 하나님의 도움이라고 표현하고 있으나, 내 귀에는 시어머니의 손길 혹은 시어머니의 기도가 버팀목이 되었다는 말로 들린다. 그들을 지켜주시는 분은 하나님 같은 시어머니라고 해도 틀리지 않을 것이다. 그들 또한 가족 내 신앙의 유산을 이어받은 예이다.

위에서 언급한 세 가지 사례는 기독교 가정 안에서 하나님을 향한 신앙으로 살아가는 교인 모습이다. 그 모습은 사회의 빠른 변화를 겪으면서 과거의 모방 혹은 답습이 오늘에는 의미 없어 보인다는 점에서 위기를 겪는다. 두 번째의 성령적 체험과 세 번째의 시어머니 헌신에 기초한 하나님 상은 '내림' 신앙(사랑이기도 하다)이라 이름 붙어도 될 듯하다. 부모의 신앙을 이어간다는 점에서 중요하며, 가족 안에서 그것을 의례화하는 행위도 좋은 일이라 여겨진다. 예를 들면, 부모님의 기일에 그것을 회상하는 상징적인 무엇을 가진다면 가족 구성원 모두에게 기일 이상의 의미 있는 날이라 여겨진다.[29]

문제는 첫 번째 사례이다. 위 두 사례를 과거의 재현이라 한다면 첫

---

29) 여호수아서 4장을 보면, 이스라엘 백성이 요단강을 건너고 나서 지파별로 한 명씩을 뽑아 그들에게 요단강에서 건진 돌을 길갈에 세우게 한다. 그 돌의 의미를 후손에게 알려주라는 내용이다(20~24절). 가족에서도 이런 상징적인 물건을 만들면 좋다.

번째는 현재 진행형이다. 현재 많은 교인은 부모와 자녀 관계의 신앙적 연결고리를 가정 안에서 찾지 못하고 있다. '해체(解體)'에서 가장 중요한 일은 빈자리를 옛것으로 다시 채울지, 아니면 새것으로 채울지를 선택하는 것이다. 옛것은 해체 과정에서 기존의 것을 지키려는 대항(對抗)이라면, 새것은 기존의 것을 해체하는 저항(抵抗)이다. 대항과 저항에서 생긴 충돌의 파장은 점차 확산되고 있다.

파장의 한 예가 바로 가정이다. 이혼이 늘어나고 가족의 구성원이 줄어들어 1인 가구가 많아지면서, 우리는 가족 개념을 새로이 만들어야 한다. 혈연으로 묶어진 가족의 수는 한 손으로만 꼽을 수 있는 현실이 되었다. 10명 넘어가는 가족 구성원을 찾아보기 힘들다. 사촌도 없는 가족이 허다하다. 1960년대 후반에서 1970년대 태어난 사람들[30]에게는 아버지와 어머니의 형제가 없는 경우도 있고, 사촌은 낯선 가족의 호칭이 되었다.

그들에게 과거 형태의 가정은 해체되었다. 그들은 부모와 다른 형태로 가정을 꾸려 살아가고 있다. 그들의 성장 기간 경험하지 못한 새로운 형태의 가정에서 부모의 역할은 다른 모습이며, 그것이 무엇인지 제대로 알지 못한 상태에서 부모로 살아간다. 경험하지도 못한 부모의 역할이 대체 뭔지도 모르면서 빠른 세태의 변화에 적응해야만 하는 세대들이다. 그들은 자녀와의 문화적 단절을 겪는다. 가정의 구성원에게서 소

---

30)   1960년대 후반에서 80년 초반까지 태어난 세대로 현재 40대이자 50대 전반 나이에 이른 사람을 뜻한다. 이들을 미국에서는 'Busters'로 부르나 한국에서는 '2차 베이비 부머'라 부른다. 혹은 1980년대 태어난 사람들까지 포함한 'X 세대'(1975~1984년생)라 부르기도 한다. 한국 사회에서 이전 세대가 진영에 갇힌 '이념 세대'라 한다면, 이들을 '실용 세대'라 불러도 될 듯하다.

외를 겪는 일은 일상화되어 있다.

여태까지 교회에서 말해 온 가정에 관한 규범은 해체를 겪는 가정에 도움이 되는가? 아니면 대안을 제시할 수 있을까? 교회가 제시하는 부모의 역할은 무엇인가? 아버지의 권위만 세운다고 해서 가정이 제대로 세워질까?

단정적으로 말하면, 교회는 가정보다 교회를 우선하는 자세가 신앙이라 가르쳤다. 가정과 교회 중 교회를 선택하도록 가르쳤다고 해도 틀리지 않는다. 가정에서 부모의 신앙적 역할을 제시하지 못하였다. 교회 중심 신앙을 강조하면서 가정의 중요성을 소홀히 여긴 결과, 실용 세대는 교회의 가르침을 따르지 않는다.

가정 안에서도 평등을 지향하는 시대의 변화에 따르지 못하는 교회의 태도는 '문화 지체(cultural lag)' 현상을 야기하고 있다. 그래서인지 교회는 옛것을 다시 지키려 변화에 대항하는 모습만 보여주고 있다. 교회는 과거 지향적 윤리를 강조하는 주장에 스스로 버거워한다.

가정에서 종교 이야기로 부모와 자녀가 대화한다는 게 '겸연(歉然)쩍다'라는 첫 번째 사례는 오늘 교인 가정에서 흔히 볼 수 있는 모습이다. 가정에서 하나님을 체험한 이야기가 낯선 일이 된 상황에서, 시대에 뒤처진 내용이지만 내림 신앙은 우리에게 시사하는 바가 있다. 부모는 종교적 체험에 관한 이야기를 자녀에게 해야 한다. 부모는 신앙적 삶을 살면서 겪은 힘듦이나 버거움을 이야기할 수 있어야 한다.

부모의 신앙만이 옳은 것이라 가르치지 않고, 청소년 혹은 청년 시기 자녀가 교회를 다니지 않아도 걱정하지 않는다면, 자녀는 스스로 신앙을 세워갈 수 있다고 믿어야 한다. 현실에서 신앙적 가치를 제대로 세우지 못했던 부모의 삶이라도 그것을 자녀에게 이야기할 수 있다면, 자녀에게는 신앙을 가질 수 있는 큰 자산이 된다.

나랑 상관없으신 하나님

마지막은 '나랑 상관없으신 하나님'이다. 지인인 심리학 박사에게 이것을 주제로 했던 설교 원고를 보여주었더니, 학술지에 등재할 논문 초안인지 물었다. 설교라고 하자, 교인들이 이것을 이해하는지 또 물었다. 그에게 원고를 보여준 이유는 '탈교회에 대한 감정적 방어기제'라 붙인 개념 정의가 타당한지를 묻고 싶어서였다. 그의 반응을 돌아보면 이것을 설교로 사용하기에는 생뚱맞은 내용이라 여겼으리라 생각된다. 여하튼 '타당하다'라는 그의 검증을 듣고 설교하였다.[31]

'나랑 상관없으신 하나님' 이미지는 '교회를 떠나 있음에도 여전히 자신을 교회에 속한 사람'으로 생각하는 3명의 여성에게서 찾았다. 그들이 교회를 떠났음에도 언젠가는 돌아갈 곳으로 여겼다는 사실에 의아했다. 그 근거로 하나님을 향한 원망함과 원망하는 자신의 모습에서 하나님에게는 미안함에 기인한다고 보았다.

이 이미지는 하나님을 향한 원망과 하나님에 대한 미안함이라는 '양가감정(ambivalence)'으로 인해 생겨난 이미지라 볼 수 있다. 앞에서 '누구에게나 한결같으신 하나님' 이미지를 '기대 상실에 따른 좌절된 분노'에서 시작한다고 하였다.

우리는 하나님께 기도하면서 갖는 기대가 있다. 기대는 신앙을 단단

---

31) https://youtu.be/9J8PY-OACk8 참조

하게 만드는 동기이기도 하다. 기대는 이뤄질 것이라는 믿음에서 시작한다. 하나님을 향한 신뢰이다. 그것이 깨어진 상태에서는 기대와 비례하는 무게만큼 서운함이 빌려온다. 서운함이 원망으로 바뀌게 되면 점차 하나님에게서 멀어진다.

인터뷰했던 셋 중에서 첫 번째 사람은 자신을 교회에 '입양'되었다고 표현하였다. 청소년 시절, 그는 전도사나 목사랑 대화할 수 없는 상황에서 좌절을 경험하였다고 말한다. 그들과 대화하려면 어느 정도의 자격을 갖춰야 한다거나 "저 사람 정도는 되어야!" 한다는 열등감을 가졌다. 그 감정은 늘 그를 지배하였다. 그의 말처럼 입양되었다는 표현이 틀리지 않는다.

이것은 교회 안에서 겪은 차별이 하나님 상에 끼친 영향이라 할 수 있다. 그래서인지 인터뷰에서 그는 자신에 대해 자조적인 말투로 (자신을 차별하는 이들이 말하는 표현으로) "너라는 아이 있는 거 알아. 그래, 열심히 다녀."라고 말한다. 그런 상심한 마음이었으나 하나님은 교회를 떠난 자신을 언젠가는 불러줄 거라고 기대하는 마음을 품었다.

인터뷰한 3명 중 두 번째 사람은 고등학교 시절 친구 따라 교회에 가게 되었는데, 아버지는 "너는 약하고 겁쟁이므로" 남매 중에서 혼자만 교회를 다니도록 허락해 주었다. 그러나 그는 다른 종교적 배경을 가진 남편과 결혼하면서 교회를 떠나게 되었다. 교회를 다닐 여건이 되지 않은 채 25년이 되었지만, 자신을 "늘 교회에 발을 담그고 있다"라고 여기며, 하나님을 '공기'로 느끼며 살아왔다고 한다.

봉천교회에 정착하면서, 그는 삶공부 하는 날과 하지 않는 날 차이, 하는 날에는 "하나님과 빨대로 연결"되어 있다고 표현한다. 남매 중에서 자신에게만 교회를 다닐 수 있게 허락한 아버지의 특혜는 그에게 평생 교회에 속해 있어야만 하는 자격과 다르지 않았다. 그렇지만 교회를 다니지 못하는 현실은 뭔가 비어있는 자신을 보게 만들었다. 하나님에게 늘 미안할 뿐이었다.

위의 두 예에서 교회를 다니지 않는 상황인데도 자신을 교회에 속해 있는 사람으로 여기고 있다는 점에는 같다. 전자의 사람은 교회에서 겪은 차별에 대한 상실감 탓에 교회를 다니고 있을지라도 자신을 교회에 속해야 할 사람으로 여겼다면, 후자의 사람은 교회를 다니지 않는 환경에서도 자신을 교회에 속해 있다고 여겼다는 점이 다르다. 전자는 원망함이 강하다면, 후자는 미안함이 주된 요인이다.

3명의 인터뷰에서 마지막 사람이다. 그는 드러내지 않는 성격이고 갈등을 만들기보다 참고 버텨내나 고집이 센 편이다. 그는 고등학교를 졸업하면서 교회도 함께 졸업하였다. 결혼하고 나서 시부모가 교회를 다니는지라 교회를 다시 다니게 되었다. 힘든 일을 겪으면서 하나님에게 매달렸지만, 그럴 때마다 해결되지는 않았고, 하나님과 점차 멀어진다고 느꼈다.

하나님은 "신앙이 깊고 교회 열심히 다니는 분에게나 (하나님이) 존재하는 거지. 나하고는 상관없는 분"으로 여겨졌다. 그래서인지 그는 교회가는 날보다 가지 않는 날이 많아졌다. 따라서 '내 기도도 듣지 않는데, 뭐 땜에 교회 다녀' 하는 마음이었다. 기대 상실로 분노하기보다 그것을 참으며 버텼다.

위의 두 사례와는 다르게, 세 번째 사람은 자신을 교회에 속한 사람으로 여기기보다 '내 편이 아닌' 하나님을 품고 살아간다. 자신의 감정을 드러내지 않으며 살았을 뿐이다. 미적지근하다고 해야 할까?

　세 사례의 공통점은 하나님과 거리를 두고 살았다는 점에서 일치하고, 봉천교회에서 신앙생활을 하면서 과거의 경험이 치유되면서 하나님은 내 편이 되었다는 변화이다. 그들은 하나님을 삶의 동반자로 여기면서 일상생활에서도 체험하며 살아가고 있다. 하나님을 따뜻한 분이자 지지하는 분, 늘 자신을 보호하고 지키시는 분, 그리고 그들의 부족한 부분조차 이해하고 받아주시는 분으로 여긴다. 다른 사람과의 관계에도 그런 하나님의 모습을 드러낸다.

　첫 번째 사람은 하나님을 '끝까지 사랑을 베푸시는 분, 한없는 믿음을 보여주시는 분, 선하지만 엄할 땐 무섭게 단호하신 분, 보이지 않지만 늘 같이하시는 분, 직접 하시기보단 스스로 할 수 있도록 힘주시는 분'으로 표현한다. 두 번째 사람은 하나님을 '나의 하나님, 사랑, 포용, 기쁨, 그리고 자랑스러움'으로, 세 번째 사람은 하나님을 '사랑, 질투, 인내, 존중, 그리고 온유'라 말한다.

　그들은 변화된 하나님 이미지로 인하여 일상생활도 달라졌다고 말한다. 가정에서 가족과 대화하는 시간이 많아지면서 서로를 이해하고 배려하게 되었는데, 자녀와의 관계에서 서로가 함께 변화되었다는 점이 중요하다. 부모들 또한 목장에서 자녀와 대화하는 법을 배운다. 삶공부는 자녀를 이해하도록 돕는다. 그들은 자녀에게 감정적으로 말하기보다 한 발 뒤로 물러서서 이야기하게 되었다고 한다.

　봉천교회에서 부모는 자녀를 대하는 태도가 달라졌다고 대답하고, 자녀 또한 부모를 대하는 태도가 달라졌다고 이야기한다. 첫 번째와 세 번째 사례 가정에는 중학생 자녀가 있다. 그들은 청소년 목장에서 활동하면서 가사에 참여하도록 훈련을 받는다. 직접 음식을 만들고 청소나 설거지를 하도록 한다. 부모와 함께 대화를 하는 법도 배운다.

직장생활에서도 하나님 상은 그들의 태도를 변하게 했다고 말한다. 두 번째 사례처럼, 하나님을 느끼는 날이면 사람을 대하는 태도가 달라진다고 한다. 첫 번째와 세 번째 사례는 직장에서 무례한 손님을 만날 때도 감정적으로 대처하지 않는다고 한다. 그럴 때 마음에서 기도부터 나온다고 한다. 첫 번째와 세 번째 사람은 7년 전부터 봉천교회에 출석하였고, 두 번째 사람은 2년 정도 되었다.

탈교회에 대한 감정적 방어기제 다섯 단계

인터뷰에서 그들과 대화하면서 몇 가지 의문이 들었다. 무엇이 그들을 이렇게 바꿔놓았는가? 그들은 어떤 과정을 거치면서 신앙이 회복되었는가? 그들은 어떻게 '탈교회에 대한 감정적 방어기제'를 극복되었는가? 나는 이 물음에 대해 다섯 단계로 설명하려 한다.

우선 1단계로 거부와 집착이다. 교회를 떠난 현실을 받아들이는 심리적 과정에서, 그들은 원망과 미안함을 함께 가지고 있었다. 원망이 강하면 교회를 다시 가지 않겠다고 다짐을 하지만, 미안함이 높아지면 교회로 돌아가려고 애쓴다.

심리적으로 엎치락뒤치락하는 변덕스러운 상태에서 그들이 떠나온 교회에 대해 좋은 감정을 가지기란 만무하다. 그런데도 그들은 하나님에 대해서는 연(緣)을 끊지 못한다. 비유적으로 말하면, 엄마의 치맛자

락을 붙잡고 떼쓰는 모습이라 하면 될 듯하다.

하나님이 나보다 다른 사람을 더 사랑하는 데 느끼는 질투심 그리고 나의 기도를 듣지 않으시는 하나님을 향한 서운함은 둘 다 하나님과의 관계성에서 상실감으로 작용한다. 원망(거부)과 미안함(집착)이라는 양가 감정이다. 상황에 따라 원망이 높아지면 미안은 낮아지고, 미안이 높아지면 원망은 낮아지는 시소(seesaw)의 원리와 같다. 그렇게 하나님을 거부하거나 집착하면서 하나님과의 관계성을 만들어 간다.[32]

2단계는 관망이다. 현실에서는 교회를 떠난 상태이지만, 그렇다고 그들이 완전히 교회를 떠난 것은 아니다. 이같이 어정쩡한 혹은 양다리 걸친 것 같은 상태를, 나는 '교회를 기웃거린다'라고 표현한다. 시계추처럼 좌우로 흔들리면서 본인에게나 가족에게 나쁜 일이 생기면 교회를 떠난 귀결로 여기며 '죄책감'을 느낀다. 이럴 때 하나님은 벌하시는 '심판의 하나님'으로 다가온다. 죄책감에서 벗어나려 교회로 돌아가려는 마음이 강하게 작용한다. 그렇다고 교회에 돌아갈 마음은 약하다.

세 번째는 기회를 엿보는 단계이다. 기웃기웃하면서 교회로 다시 돌아갈 기회를 만드는 상황을 뜻한다. 관망에서 출석하려는 마음이 조금 더 강해진 상태이다. 인터뷰에서 자녀의 유치원을 교회 관련 기관에서 찾으려는 과정을 보게 되는데 이를 교회로 돌아가려는 기회로 해석할 수 있다.

비록 교회에 출석하더라도 당연히 교회를 다녀야 한다는 확신은 없

---

[32] 심리학에 '애착(attachment)' 이론이 있다. 어린아이가 엄마(양육자)와의 정서적 유대가 성장 과정에 미치는 영향을 설명한다. 하나님을 양육자로 설정하고서 하나님과의 유대감이 인간에게 미치는 영향을 설명한다. 이것에 관심이 있으면 애착 이론을 찾아보라.

다. 조마조마하고 반신반의하는 상태에서 심리적으로 안정을 찾지 못한다면 교회 출석은 절대 좋을 리 없다. 밟으면 뛰어오르는 용수철처럼 교회에서 떠날 기회를 기다리고 있다고 할 것이다. 교회에서 사소하게 언짢은 일이라도 생기면, "거 봐, 이래서 내가 교회를 떠났거든. 근데 이 교회도 여전하네." 그에게는 죄책감에서 벗어나려고 돌아간 교회에서 다친 곳을 또 다치는, 엎친 데 덮친 격이다.

교회에 다니고 있음에도 불구하고 교회를 떠나겠다는 확신이 강한 상태이므로, 생활에서 일어나는 여러 일은 교회 출석을 할 수 없는 근거가 된다. 그러나 실제로는 그런 상황을 스스로 만들고 있다고 해야 한다. 주일 예배에 빠지는 이유를 찾다 보면, 점차 교회를 가지 않게 되는 일들이 잦아진다. 여기에서 중요하게 보아야 하는 점이 있다. 3단계에 있는 이들은 교회를 떠나는 이유가 모호하고, 교회를 떠나겠다고 작심해서 떠나지 않는다. 교회에 남거나 에둘러 머물기보다는 떠나는 모습이 '그냥 좋아 보일' 뿐이다. 그래서 그들은 교회를 떠난다.

네 번째는 생각이 바뀌는 전환 단계이다. 나랑 상관이 없으신 하나님에서 자신을 하나님의 사람으로 여기게 되는 전환이다. '하나님을 내 편'이라 느끼게 되는 계기가 있었는지 궁금해서 그들에게 물었다. 세 번째 사람은 "어떤 특별한 계기보다 그냥 구원을 받았다는 생각"이 들었다고 한다. 자신을 성경의 탕자 비유에 빗대어 탕녀로 생각하고 살았는데, 탕자 설교에서 자식이 잘못했다고 부모가 자식을 버리겠느냐? 맨발로 뛰쳐나가는 아버지 모습이 하나님이지 않느냐는 설교를 듣고 차츰 바뀌게 되었다고 덧붙였다.

그의 전환은 3단계에서 떠남이 '그냥 좋아 보여' 떠나는 사람이나 별반 다르지 않아 보인다. 딱 부러진 명백한 이유가 있어 교회를 떠나지 않는 것처럼, 교회를 다시 다니게 되는 사연도 명확하지 않다. 교회를 다니다 보니 바뀌게 되었다. 교회 다니는 일이 그냥 좋아 보이니 자주 출석하고, 출석해서 활동하다 보니 점차 즐거운 일로 여겨진다.

여기에는 심리적 방어가 약해지는 상태이므로 자신의 전환을 확인하는 체험도 중요하다. 체험을 반복하면서 심리적으로 하나님에 대해, 그는 '든든하다'고 표현한다. 그는 이렇게 말한다, "실제로 눈으로 볼 수 없고 만질 수 없는 분이지만 왠지 든든하다." 반면 3단계에서 4단계로 넘어가지 못하면서도 교회를 떠나지 않고 머무는 경우, 그들은 교회를 떠날 마음이 없고 교회 활동에는 능동적으로 참여하지 않는다. 그들은 교회 출석과 활동을 의무로 여긴다고 보아야 한다.

마지막 단계는 달라진 정체성이다. 나랑 상관없으신 하나님이었다가 자신을 하나님의 사람으로 전환(4단계)하고, 한발 더 나아가서 하나님을 '한결같으신 분'으로 받아들인다. 내 인생의 동반자라 해야 하나? 〈Stand by your man〉에 있는 가사를 좋은 예로 들 수 있는데, 사랑하는 남자를 세상에 드러낸다는 가사(show the world you love him)처럼[33] 나의 하나님을 세상 사람에게 보여주려 당당하게 살아가려는 자세로 자신을 세워 간다. 이것이 달라진 정체성이다. 더불어 그런 고백은 자신에게 '정당성(legitimacy)'을 부여한다.

---

33)　　이 팝송은 아주 감칠맛 난다. 와이넷(Tammy Wynette)이 불렀으나 많은 가수도 따라 불렀다. 나는 브루니(Carla Bruni)가 부른 노래를 와이넷보다 좋아한다. 브루니의 코 맹맹한 소리가 짙은 여운으로 남는다. 위의 가사를 착용한 이유를 와이넷 목소리로 들어보면, 사랑하는 연인(남자) 옆에 있고자 하는 마음에 간절히 공감한다. 그런 느낌을 하나님에게 빗댔다.

정당성이란 새로워진 정체성이 옳다는 의미이다. 이것을 참과 거짓, 옳고 그르다는 기준으로 받아들이면 안 된다. 자신에게 달라진 정체성은 자신에게 옳다는 의미이다. 과거 하나님을 내 편이 아니라고 여겼던 판단은 잘못이라고 평가한다는 점이다. 이것은 앞에서 말한 '누구에게나 한결같으신 하나님 이미지'와 같은 것인지 아닌지 모르겠으나, 별반 다르지 않다.

마지막 단계에 이르면 삶 전반이 건강하다. 원망과 미안함이 사라지면서 거부와 집착도 약해진다. 그것들이 차츰 줄어든다. 봉천교회에서 신앙생활을 통하여 그들은 하나님 이미지가 바뀌었다. '나랑 상관이 없으신 하나님'으로 인하여 교회와 멀어진 그들은 목장과 삶공부, 예배를 통하여 하나님 상이 바뀌면서 삶의 위기를 이겨내는 모습을 보였다. 그것들을 통하여 하나님 이미지가 주는 중요성을 알 수 있다. 신앙은 삶을 단단하게 만드는 중요한 요인이라 하겠다.

이제까지 다섯 가지의 하나님 이미지를 소개하였다. 이것들은 교리적인 내용이 아니다. 목사가 설교에서 자주 설명하는 내용이자, 교인의 신앙에서 나타난 하나님 상이라 여겨진다. 나는 다섯 가지의 하나님 이미지가 봉천교회의 교인에게만 있는 예외적인 상이라 여기지 않는다. 어느 교회에나 교인이라면 누구나 있을 수 있는 흔한 이미지라 여겨진다. 한국 교인에게 드러나는 하나님 상일 것이다.

첫 번째 "딱 요만큼 채우시는 하나님"을 제외하고 나머지는 고정되지 않고 변화되는 상이며, 기계적인 단계 발전으로도 바라보지 않는다. 엎치락뒤치락하면서 조금씩 불안에서 안정으로 바뀌어 간다. 다섯 번째 하나님 이미지를 다섯 단계로 설명하였으나, 교인이라면 모두 단계적으로 전개하지 않았으며, 개인마다 다양하게 전개한다.

교회밖에 난 몰라

고등학교를 졸업하고 작은 회사에 취직했다. 어디에서 뭘 하든 잘하고 칭찬을 받았다. 어린 나이지만 회사에서도 똑 부러지게 일했다. 똑순이라는 말을 듣기 싫었지만, 그랬다. 맘에 품은 뭐든 꼭 해내야만 했다. 그런 나에게 이루지 못해 한으로 맺힌 일이 있었다. 남편과 함께 교회 다니는 모습. 이보다 더한 행복은 내 삶에 없으리라 꿈꿨다.

남편은 교회 다니지 않는 일만 빼놓으면 흠 없는 사람이었다. 일을 향한 열정도 대단하고, 어디에 가더라도 제 몫을 했다. 그런 모습이 나를 힘들게 만들었다. 그는 약속을 지키지 않았다. 어린 나와의 결혼 조건으로, 잘 살지 않아도 되니 함께 교회 다니는 남편이 되어야 한다고 했는데 말이다. 난 교회밖에 모르는 여자였다.

성장하면서 고달프고 버거운 삶의 무게를 지탱해 준 버팀목은 교회였다. 교회는 나에게 생명줄이었다. 사랑하게 될 사람이랑 함께 교회 가는 모습을 꿈꾸며 자랐다. 기대만큼 실망도 컸고, 결혼 생활을 실패라 여겼다. '배신은 남편이 했으나 그런 남편을 선택한 내 잘못인 거야'라는 마음으로 자책하며 버티었다. 참 많이 아팠다.

그럴수록 교회에서 뭐든 하려고 했고, 그런 나를 남편도 막지 못했다. 교회에 가도 성에 차지 않았다. 그럴 때면 시어머니에게 전화해서 남편 욕을 했었다. 시어머니는 참 고마운 분이셨다. 나에겐 하나님과 같은 분이다. "우리 막둥이 애기 어떠하냐" 하며 "내가 기도하고 있다"라고 꼭 말해주셨다. 듣는 동안 늘 눈물이 흘렀다. 내가 버틸 수 있었던 힘은 시어머니의 기도였다. 그렇지 않았다면 남편과 이미 끝냈을 것이다.

그러나 착하고 무던한 아들이 목사가 되겠다는 폭탄선언 이후 남편이 달라졌다. 도살장 끌려가는 뭐처럼 가물에 콩 나듯 다녔던 교회를 이제 매주 다니고 있다. 열심도 이만저만 아니다. 역시 일 중독인 사람은 교회에서도 다르지 않게, 열정적인 성격 그대로 드러난다. 늦바람이 무섭다고 해야 하나? '늦게 배운 도둑이 날 새는 줄 모른다'라는 속담이 남편 이야기라니 헛웃음이 나온다. 아무튼 참 고맙다.

교회밖에 몰랐던 소원은 이제 이뤄지고 있다. 30여 년이 넘는 동안 질곡도 이만저만 아니었는데 언제 그랬나 싶다. 이보다 더한 행복이 있는가. 남편과 함께 교회 다니는 아내 모습이 더는 부럽지 않다.

홍 자매 · 봉천교회 성도

전생에 나라를 구한
남자에 코 꿰여

이 남자를 보는 순간 첫눈에 훅 가 버렸다. 아이가 있다는 소문도 개의치 않았다. 저 남자라면 애 딸린 남자라고 해도 '괜찮아' 였다. 같은 직장에서 교대 시간에 마주치는 모습이 좋아 꿈에도 그 남자 모습을 보았다. 그렇게 결혼했는데, 개뿔. 내가 좋아서 한 결혼인데 참아야지, 내가 선택한 남자이니 화병이 나도 우울증이 생겨도 할 말이 없어. "참아야 해"하며 살아왔다. 숨이 막혔다. 싸우지 않는 부부가 어디 있어? 싸우면 말을 해야지 말을! 벽에 대고 말하는 게 훨씬 숨통이 트였다. 그렇게 힘든 기간엔 이혼도 생각했지만 차마 입 밖으로 내뱉지 않았을 뿐이었다.

그런 남편이 변하기 시작했다. 처음엔 심성이 고운 사람이고 힘든 시기가 지나니 본연 모습이 나오나 했다. 이 남자가 달라졌다. 밖에선 좋은 사람이라지만, 집안에서는 아니었다. 아이들도 아빠가 집에 있을 때는 자기네 방에만 머물렀다. 그런데 언제부터인가 아이들이 아빠랑 얘기하기 시작했다. 뭐, 그럴 수 있지. 뭐야? 아이랑 같이 웃잖아! 집안에서 웃는 소리가 나고 있다.

남편은 교회를 싫어했다. 어쩌다 알게 된 사람들이 봉천교회를 다녔고, 어쩌다 남편은 그 교회를 한번 가 보았다. 교회를 다녀온 남편에게 싫어하는 기색이 없었다. 잘 됐다. 이 참에 남편이 교회에 다니게 만들어 보자는 욕심을 가졌다. 뭐지? 교회 가자는 말을 하지 않아도 주일 오전 남편은 옷을 챙겨 입고 교회에 간다고 나섰다. 얼떨결에 남편 따라 교회에 갔다. 그렇게 봉천교회에 출석하게 되었다.

봉천교회 다닌 지 이제 7년이 넘었다. 이런 남자였어? 난 미처 몰랐다. 천성이 좋은 줄 알았지만, 그 이상이다. 이보다 더 좋을 수 없다. 전생에 나라를 구한 남자를 내가 만난 거야! 일 마치고 집에 오면 이젠 설거지도 한다. 집도 치운다. 하라는 말을 하지 않았는데 알아서 척척. 살가운 둘째처럼 무뚝뚝한 첫째도 아빠랑 장난도 친다. 치근덕거리는 두 딸에게 해맑게 웃는 남편 얼굴에서 그렇게 보고자 했던 하나님의 모습을 보는 걸까?

멀게만 느껴졌던 하나님이 이젠 우리 가정 안에 있다. 교회에서 위엄 있는 하나님인 줄 알았는데 '아니다' 우리 집에도 있다. 그런데 난 뭐 때문에 불안해하지? 혼날 거 같은 느낌은 뭘까! 어릴 적 교회 다니면서 내가 있을 곳이 아닌데 라고 생각하며 입양아 같은 기분이었다. 그래서인지 이 행복을 잘 가꾸지 못하면 파양될 듯한 느낌을 지우지 못한다. 하나님이 파양시킬까?

십일조에 아등바등하는 나에게 남편이 "그 돈 없어도 우리 가족 살아."라고 말한다. 뭐야, 이 남자. 내가 좀 서럽게 보였나? 아~~ 씨! 행복이 이런 거야! "내가 하나님이야" 하며 날 확 안아주는 남편? 에휴, 그러면 어디 덧나나, 바라는 내가 멍청한 건지, 참아야지 내가, 내가 참아야지. 욕심이라도 그런 남편이 그립다.

이 자매 • 봉천교회 성도

내 편이 아니구나

철이 없어서일까! 주일이면 학교처럼 교회에 갔다. 교회를 다니는 일은 그 무렵 삶의 전부였다고 해도 틀리지 않았다. 교회에 대해 빈정거리는 아빠도 남동생도 나를 막지 못했는데, 고등학교를 졸업하면서 교회도 졸업했다. 딱히 이유는 없었다.

결혼하고 힘든 일을 겪으면서 하나님께 매달렸다. 그럴 때마다 멀어져 가는 하나님만 느꼈다. '나랑 상관없으신 분'으로만 다가왔다. 하나님은 신앙심이 깊고 교회에 열심히 다니는 사람에게나 함께 하지, 하는 서운한 마음만 내 안에 가득 찼다. 내 문제에 전혀 관심이 없고 내 기도는 아랑곳하지 않는 하나님이야! 하는 마음이 나를 지배했다. 하나님은 내 편이 아니구나, 하는 느낌이 넘쳐났다.

남동생이 교회를 다닌다는 말에 놀라 봉천교회에 호기심을 가지고 갔다. 처음 온 사람에게 치근덕거리는 모습이 없어 좋았지만, 그래도 좀 반겨줬으면 하는 서운함도 남았다. 목사 옆에서 이래저래 말을 섞는 교인이 없어 좋았고, 거리를 두지 않는 목사를 보면서, 이 교회는 다르다는 말이 사실이라고 여겼다. 그렇게 조심스럽게 교회를 다니기 시작했다.

자식이 잘못했다고 부모는 자식을 버리지 않는다는 설교가 내 가슴에 확 다가왔다. 잘못에도 불구하고 나를 버리지 않으시는 하나님을 느꼈다. 여러 힘든 일로 스스로 불행한 사람이라 여겼던 마음이 점차 풀어지면서, 여태 얼어붙은 응어리진 마음도 차츰 녹기 시작했다. 언제나 교회 안에서 부러운 대상을 롤모델로 삼고서 저들보다 못한 사람으로 스스로 학대하곤 했다. 힘들고 나쁜 일이 생길 때마다 내 편이 아닌 하나님, 나랑 상관없으신 하나님으로 나 자신을 정당화시킨 모습 또한 보였다. 그러니 힘들게 사는 고통을 받아들이면서 한동안 교회를 떠나 있었던 이유도 알게 되었다.

그런 과정에서 내 편이 아닌 하나님은 세상에 있을 수 없으며 언제나 나랑 함께하시는 하나님인 것이 마냥 든든하다. 높은 곳에서 떨어질 때 나를 붙잡지 않는 하나님으로 실망하고 원망했으나, 이제 떨어져도 밑에서 받쳐주는 하나님이 있다는 사실에 하루를 살아가는 게 든든하다.

교회를 다니는 게 또한 자유롭다. 주일 예배를 참석 못하는 상황이 생겨도 다음 주에 가면 되지, 하나님은 가끔 빠져도 이해하셔, 하는 마음이 생긴다. 그런 거로 삐지는 속 좁은 하나님이 아니라는 당돌함도 생겼다. 교회에 열심을 내지 못하더라도 신앙생활을 잘하지 못하더라도 나를 버리지 않으신다는 깨달음에서 생겨난 즐거움이다.

매주 목장에서 나누는 이야기를 통해서 나는 조금씩 바뀐다. 생각이 달라지니 마음가짐도 덩달아 바뀌고 생활도 변하고 있다. 가정에서도 직장에서도 나로 인해 밝아지는 환경이 마냥 새롭다. 가끔 화나는 일이 생겨도 이전보다는 쉽게 넘어간다. 그런 일에 대처하는 내 모습이 이전과는 달라진 모습에서 하나님을 그려 본다.

김 자매 · 봉천교회 성도

PART 6

이 면 의   역 동 력 과
생 활 신 앙

신앙이 그들을 바꾸는가?

우리는 자신만 아니라 타인을 지키는 데 힘이 필요하다는 사실을 알고 있다. 힘의 사용에 있어 어떤 기준이 있어야 하는지도 알고 있다. 자신을 지키려 힘을 사용하고자 할 때 타인에게 해가 되지 않아야 한다는 기준이다. 기준은 법보다 우선하고, 사회적 합의보다 선행되어야 한다. 우리는 그것을 흔히 양심이라 한다. 하지만 양심이란 개인마다 혹은 집단이나 사회마다 다르다. 양심은 이기심에 따라 다르게 나타나고 상황에 따라 휘둘리기도 한다. 그러기에 우리는 양심을 어떤 근거에 의지해야만 한다. 그것은 무엇인가?

법이나 사회적 합의보다 선행하고 양심이 위탁하는 근거는 바로 도덕적 원리이다. 도덕적 원리란 '누구나 알고 있고 당연하게 있는 그대로 받아들여야 하는 힘'을 뜻한다. 다르게 말하면, 초월적 근거이고, 가치 중립이라 말하기도 한다. 그것에 근거해서 자신을 지키고 타인을 보호하는 행동을 하게 된다.

누구나 당연하게 받아들이는 도덕적 원리를 신앙이라 한다면, 우리는 그것을 쉽게 종교적인 개념으로 받아들이려 한다. 우리는 종교적이지 않은 신앙도 있다는 사실을 선뜻 받아들이지 않는다. 신앙을 종교적이지 않은 개념으로 받아들인다면, 우리는 도덕적 원리가 가지고 있는 힘을 훨씬 쉽게 이해한다.

누구나 당연하게 받아들이는 힘을 신앙이라 할 때 그것은 나를 지키는 힘만이 아닌, 더 넓게는 '나를 움직이게 하는 힘'이 된다. 당연히 무엇을 하게끔 만드는 힘이다. 밥을 먹거나, 누구를 돕거나, 누구에게 나쁜 행동을 하거나 하는, 겉으로 드러나는 행동을 하게 만드는 '이면의 역동력'이다.

교인은 하나님께서 원하시고 기뻐하시는 일을 하면서 행복해한다. 그들은 그 같은 일을 하는 동안 침울했던 마음이 즐거움으로 바뀌기도 하고, 슬픈 일을 이겨내고자 찬송을 부르기도 한다. 성경을 읽으면서 알지 못했던 지혜를 터득하기도 한다.

무엇이 그들을 바꾸는가? 교회에서는 그것을 신앙이라 말한다. 맞는 말이다. 교인은 신앙으로 인해 그 같은 경험을 갖는다. 교회에서 말하는 신앙을 결과적 측면이라 한다면, 이 글에서 말하는 신앙은 원인으로 그 차이를 비교할 수 있다. 신앙을 갖게 만드는 작동 원리가 이면의 역동력이다.

이면의 역동력은 종교적 신앙으로 말하기에는 좁다. 누군가 열심히 일한다면, 그것에는 어떤 목적이 있기 마련이다. 가족을 위해, 더 좋은 집을 사고자 하는 이유도 이면의 역동력이다. 학생이 공부를 열심히 하게끔 만드는 이유도 같다. 이렇게 우리 모두는 이면의 역동력에 의해 살아간다. 우리를 움직이는 힘으로 무엇을 하게 된다.

그것이 종교인에게는 신앙이 되고, 돈을 많이 벌고자 하는 근거가 되고, 대학에 진학하고자 공부하는 이유가 된다. 그 힘은 이면의 역동력이

자 당연히 되어야만 하는 도덕적 원리이기도 하다.

이면의 역동력 정의

> 17개월 된 남자아이는 예배 중 중앙 통로를 걸어 다니곤 한다. 그애
> 는 주일 예배마다 할아버지가 앉은 의자까지 앞으로 걸어오고 뒤돌
> 아 나가곤 한다. 설교단에서 그애를 보는 재미는 쏠쏠하다. 지난 주
> 일 예배 중, 중앙 통로를 걸어오던 그애가 처음으로 나를 바라보았
> 다. 나와의 첫 눈맞춤이다. 걸음을 잠시 멈추더니 다시 뒤로 걸어 나
> 갔다. 그 모습을 보면서 웃음을 멈출 수 없었다.
> 그애가 흰색 세 줄 운동복(Adidas)을 입고 교회에 나타났다. 남색 바
> 탕에 확연히 드러난 세 줄 운동복을 입은 모습은 카리스마가 있어
> 보였다. 세상 어디든 뛰어갈 자세다. 세 줄 운동복을 한 번도 입은
> 적 없는 나로서는 그애 모습이 엄청 부러워 보였다. 이제 자기 생각
> 이 뚜렷한 그애는 예배 시간에도 곧잘 큰 목소리를 내곤 한다. 원하
> 는 대로 되지 않으면 생떼를 부린다. 그런 모습을 보면서 '귀엽다'라
> 는 생각이 든다.

2019년 하반기 6개월 동안 매주 봉천교회에서 설교하였다. 위 인용
문은 당시 예배 시간에 있었던 경험이다. 교인이라면 누구나 경험한 흔
한 에피소드다. 2살 된 아이가 예배 분위기에 잡음을 일으키는 내용이
었다. 봉천교회에서 아이의 행동은 교인들에게 웃음을 가져다준다. 예

배의 즐거움이다. 어린아이를 볼 수 없는 농촌 교회 현실도 무시할 수 없으나, 아이의 행동을 예배의 방해로 여기지 않는 목사의 반응이다.

하지만 예배 분위기를 흩트리는 일이 많다. 방해는 예배에 참석한 교인에게서 일어나기도 하고 교회 밖에서 일어나기도 한다.[34] 목사는 어떻게 반응하는가? 예배 도중에 일어나는 방해에 대한 반응을 회피하거나 수습하는 것일 테다. '회피'는 방해에 반응하지 않는다는 뜻이며, '수습'이란 방해를 다르게 생각하도록 의미를 부여하는 인식의 전환이다.[35]

어떤 반응이든 예배를 유지하는 기능으로 작용한다. 예배를 통해 교인들은 집단행동을 학습하는 종교적 사회화 과정을 거친다. 예배는 교인이 교회(집단)에 '적응'(통제)하는 기능으로 작용한다. 따라서 목사들이 흔히 말하는 '예배를 빠지면 믿음이 줄어든다'라는 주장은 맞는 말이다. 신앙적 관점으로 말하지만, 개인을 향한 집단(교회)의 결속력을 뜻하므로 교회의 영향력이 약화하는 측면을 강조한다.

따라서 예배 방해 요인에 대한 반응으로 회피이든 수습이든, 목사의 태도는 집단 결속을 강화하는 적응 혹은 통제 차원이 된다. 적응 반응이나 통제 반응은 상황에 따라 잘하느냐 그렇지 않으냐로 달라지겠으나,

---

34) 나는 봉천교회에서 예배를 인도하는 중, 마을회관에서 주민들에게 알림 사항을 전할 때 사용하는 야외 스피커가 우렁차게 울리는 소리를 듣기도 하였다.

35) 위의 에피소드를 경험한 나는, 설교를 시작하면서 아이의 부모가 겪을 부담이나 그런 행동을 빈정대는 일로 만들려는 사람에게 "자라는 아이 모습이 귀엽지 않으냐? 아이에게서 교회의 미래를 봅니다"라고 말하였다. 이런 생각은 고프만(Erving Goffman)이 쓴 『자아 연출의 사회학』(The Presentation of Self in Everyday Life) (현암사, 2016)과 『상호작용 의례』(Interaction Ritual: Essays in Face-to-Face Behavior) (아카넷, 2008)에서 영향을 받았다. 그의 다른 책인 『수용소: 정신병 환자와 그 외 재소자들의 사회적 상황에 대한 에세이』 (Asylums: Essays on the Social Situation of Mental Patients and Other Inmates) (문학과지성사, 2018)에서도 도움을 받았다.

결국은 교회 나름의 정체성을 세우는 기회로 작용한다.

위의 에피소드를 소개한 이유는 아이 행동(A)에 관한 목사의 반응(B)에 따라 교인 반응(C)도 달라진다는 데 있다. 이런 연쇄 반응을 '이면(裏面)의 구조'라 해도 될 듯하다. 이면이란 겉으로 드러나지 않은 영역에서 움직이는 숨은 의도이다. '겉으로 드러나지 않은 영역에서 작용하는 힘이 표면 위의 영역에 영향을 끼쳐 예상한 일로 또는 예기치 않은 일로 만드는 힘'을 이면의 '역동력(逆動力)'이라 부르려 한다.

아이 행동에 반응하는 목사의 행동은 앞에서 말한 회피나 수습이다. 여기까지는 별 문제가 일어나지 않는다. 문제는 교인의 반응이다. 목사의 반응에 대해 교인의 반응은 대체로 두 가지로 드러난다. 목사와의 친밀성이나 목사의 반응을 바라보는 교인의 평가 기준 등에 따라 교인의 태도는 달라진다. 목사와의 친밀성이 강한 교인이라면 목사의 반응을 옹호하겠으나 친밀성이 약한 교인은 그것을 비난하기도 한다.

서로 전혀 다르게 작동하는 연쇄 구조에서 발생하는 힘(C)은, 실제 드러난 사건(A)과는 전혀 상관성이 없음에도 불구하고 교회를 움직이는 힘으로 작용한다. 이런 측면에서 이면의 역동력은 실제로 교회를 요동치게 만드는 힘이자 교인을 움직이는 힘이다. 결국 그 힘으로 인하여 교회가 움직이므로, 그 힘이 교회의 정체성이라 해도 될 듯하다.

그렇다면 봉천교회 정체성은 무엇일까? 봉천에서 이면의 역동력은 어떻게 생겨났고 어떤 메커니즘으로 작동하고 있을까? 교회를 움직이는 힘은 득이 될까 독이 될까? 그것을 바꿀 수 있다면 어떻게 가능한가? 그렇지 않다면 왜 그런가?

이면의 역동력 구조

기독교인의 일반적 생각이나 이해에 근거하면, 교회는 하나님을 믿는 사람들의 모임이자 기독교 신앙을 믿고 따르는 사람들의 모임이다. 기독교 신앙의 가치와 세계관을 가지고 사회 속에서 살아가는 사람들의 모임이다. 여기까지 교인들은 아무런 의심 없이 공감한다.

그렇다면 교회 건물이 어떻게 생겼는지, 건물에서 교인들이 자주 드나드는 곳을 누가 사용하는지, 자주 가지 않는 곳에 무엇이 있는지? 예배당 안 조형물이나 배너에 쓰인 성경 구절이나 문구는 무엇인지, 강대상은 하나인지 둘인지, 예배당 안에 있는 십자가의 크기나 모양은 어떤지, 십자가의 위치는 어디에 있는지, 교인이 앉는 의자가 여럿이 함께 앉는 장의자인지 혼자만 앉는 개별 의자인지, 예배 순서에서 설교가 중간에 있는지 마지막에 있는지, 성경은 개역개정인지 다른 버전인지, 예배 시간에 찬송가를 부르는지 아니면 복음성가 혹은 CCM을 사용하는지, 예배의 집례자는 가운을 입는지 아닌지, 주일 오후 예배가 있는지 없는지, 수요예배가 있다면 오전인지 저녁인지, 철야예배는 있는지, 주일 점심을 교회에서 먹는지 아닌지, 자주 먹는 음식은 무엇인지, 이렇게 나열하다 보면 우리는 교인들에게 영향을 끼치는 요인들이 무수히 많다는 사실을 알게 된다. 그것들 하나하나에 개체 교회의 정체성을 나타내는 의미를 품고 있다.

2021년 8월에 예배당 보수 공사를 끝낸 봉천교회 예배당에서 바뀌지 않은 물품은 십자가와 강대상이다. 강대상은 예배당 앞쪽 중앙에 하나 있으며 그 뒤에 십자가가 걸려 있다. 예배당 안에 배너나 다른 조형물은 없다. 보수 공사를 하면서 장의자 대신 혼자 앉는 의자로 교체하였다. 목사는 가운 대신 양복을 입는다(감리회 전통에 따라 매월 첫째 주 성찬식에는 가운을 입는다). 예배 순서는 광고로 시작하여 설교로 끝낸다. 매주는 아니나 설교 앞에 교인의 간증 순서가 있다. 성경은 '새번역'을 사용하고, 찬송가 두 곡과 CCM으로 두 곡을 사용하는데 CCM을 시작하여 찬송가 두 곡 그리고 CCM으로 마무리한다. 설교는 대략 30~35분 정도이고 간증의 여부에 따라 길어지고 짧아지곤 하는데, 총 예배 시간은 대략 1시간 20~40분 정도 걸린다. 주일 오후를 예배 대신 교인들의 모임이나 활동으로 사용한다. 수요예배는 저녁에 있으며 금요철야는 없다.

우리는 봉천교회 예배당 구조에 관한 설명이나 주일 예배 순서에서 다른 점을 알 수 있다. 혹시 십자가에는 등이 있는지 궁금한 이도 있으리라 본다. 십자가에는 전등이 있고 예배 시간에 켜 놓는다. 주중에는 켜 놓지 않느냐 하는 의문을 가지는 이도 있을 터다. 그런 궁금증을 가진 이는 십자가에 등을 켜는 것에 어떤 의미를 품고 있는가? 혹시 '제단의 불'을 연상하지는 않았을까?

담임목사가 교체된 이후 예배당에 있는 십자가의 전등으로 갈등이 불거진 교회도 있었다. 후임 목사는 예배당에 있는 십자가의 전등을 주중에는 껐다고 한다. 그 이유는 알 수 없다. 반면 전임자는 십자가 전등을 주중에 늘 켜 놓았다고 한다. 그런데 후임자를 못마땅해하는 일부 교인들은 후임자를 비난하는 근거로 그것을 사용하였다고 한다.

아마 그들은 이렇게 말한 듯하다. "우리 목사님[36]은 늘 십자가에 불

---

36)   이미 떠난 전임자를 여전히 '우리 목사님'이라 부르지 않는가?

을 켜 놓아 기도하려 예배당에 들어가면 하나님이 있다고 느꼈는데." 단순히 등을 켜 놓느냐 *끄느냐* 하는 문제이나, 그것은 '제단의 불을 끄지 말라'(레위기 6:12~13)는 전임자와 후임자 사이 신학적 차이를 담고 있다. 전등을 두고서 차이를 운운하다니 비약으로 보이기도 하겠으나, 예배당의 현관 입구에 있는 전등이 아니므로 문제가 발생한다. 현관 등이야 밝게 빛나면 되지만, 십자가 등에는 의미를 부여하기 때문이다. 그러나 일부 교인은 그런 차이보다 후임 목사를 견제하는 기제로 사용한다.

두 살이 된 아이의 사례처럼, 십자가 등(A)이라는 외형적 사물로 인해 생겨난 후임자의 행동(B)을 비난하는 교인의 행동(C)이라는 이면의 역동력 구조를 엿볼 수 있다. 따라서 십자가의 등은 교인을 움직이는 힘의 기제로 사용된 하나의 사례라 하겠다.

봉천교회는 예배 시간만 아니라 평소에도 십자가 등을 켜 놓고 있다. 그러나 봉천에서 십자가 등에 전원이 꺼져 있어도 전혀 문제가 되지 않는다. 문제 삼을 교인이 없다. 다르게 말하면, 봉천 교인들은 예배당 중심의 교회생활을 하지 않는다.

그들은 교회에 왔을 때 예배당 문이 잠겨 있지 않아도 예배당부터 찾지 않고 〈카페 나무〉로 발길을 향한다. 자신이 교회에 왔음을 알린다. 카페에 머물거나 교육관으로 이동한다. 다른 예로, 충청북도 증평에 있는 기도원을 찾는 이들은 먼저 예배당에 들어간 다음, 다른 공간으로 이동한다. 기도원이라는 특수성이지만 봉천 교인과는 다른 모습이라고 비교할 수 있다. 교회마다 교인들이 어디를 먼저 찾는지를 알아보면, 그들의 신앙적 중요성이 어디에 있는지를 알 수 있다는 뜻이다.

봉천의 경우, 십자가의 등에 전원이 들어와 있는지는 교인들에게 중요하지 않다. 반면 예배당 중심의 교회생활을 하는 교회에서는 십자가에 전원이 들어와 있어야 한다. 같은 대상이더라도 교회마다 그것에 어떤 의미 혹은 상징성을 두느냐 따라 달라진다. 그러므로 우리는 하나의 기준으로 모든 교회에 적용할 수 없다는 사실을 알 수 있다.

이면의 역동력 사례: 새신자가 교인이 되는 과정

교회는 교인들이 살아가는 타당하고 정당한 의미를 제공하는 조직이다. 교회에 소속하여 신앙을 가지고 살아가는 모습은 교회가 제공하는 정체성으로 살아가는 모습이자, 교인에게는 존재의 의미를 부여하는 일이다. 특정 교회의 교인이라는 사실만으로도 자신이 누구인지를 증명한다. 교회에서는 교인 집 대문에 교회 명패를 붙이기도 하였다. 교회 문패가 있는 집에 사는 사람들은 어느 교회 교인인지를 나타내었다.

교인들은 자동차 백미러에 십자가를 걸어 놓고서 기독교인임을 표명하기도 하고, 자동차 뒷유리에 종교적 이미지를 붙여 종교적 소속을 나타내기도 한다. 그들은 교인 주소록에 자신의 이름이 있는지를 확인하거나,[37] 교인 전체 사진에 자신이 있는지를 찾아본다. 교인들은 정체성을 나타내는 증거들로부터 도움을 받아 안도감을 가지며 살아간다. 소속이 주는 위로이다.

---

37)   나의 경험이다. 교회에서 주소록을 만들었는데, 한 교인이 나에게 찾아와서는 자신의 이름이 빠졌다고 한다. 확인해보니 그가 받은 주소록에서 그의 이름이 있어야 하는 페이지가 없었다. 수작업하면서 누락된 주소록이었다.

교인들은 예배를 참석하면서 자신의 정체성을 강화한다. 예배 이외의 다른 활동에 참여하면서 정체성 강화만 아니라 교인이 되어 간다. 새신자는 기존 교인이 하는 종교적 행동을 모방하면서 그와 같은 교인이 되어 가는 동화의 과정을 거친다.

교회마다 교인이 되는 과정은 독특한 통과의례를 거치게 된다. 성령을 강조하는 교회에서는 방언해야만 교인으로 받아들여지고, 성경공부를 중요시하는 교회에서는 교육 프로그램에 반드시 참여하면서 교인이 되는 과정을 거친다. 교인이 되는 조건은 비록 공식적인 요구 사항이 아니더라도, 교인이 되려는 사람은 그것을 암묵적으로 받아들여야만 한다. 그런 요구를 받아들이지 않는다면 더는 교회에 머물 수 없게 된다.

따라서 새신자는 암묵적이고 비공식적인 요구라 하더라도 그것에 적대적이지 않다. 그것을 교인이 되는 과정에서 일어날 수 있는 '필요 요인'으로 받아들인다. 더불어 그는 그것들이 새로운 교회의 교인이 되면서 가지게 될 새로운 정체성을 세우는 행위이므로 당연하게 받아들인다. 교인이 되는 학습 기간은 기존 교인을 모방하면서 교회 환경에 익숙해지는 과정이자, 더불어 새신자에게 헌신을 요구하는 시기이기도 하다. 동화와 헌신은 기존 교인들의 저항(텃세)을 거치게 된다. 교회마다 처한 상황적 차이가 있겠으나 새신자는 일정 기간이 지나야만 기존 교인으로부터 우리 교인으로 받아들여진다.[38]

우리 교인으로 적응하는 동안 새신자는 공식적인 모임인 예배나 다

---

[38]   새신자가 교회에 정착하여 기존 교인과 동등하게 여겨지기까지 걸리는 기간은 교회나 개인마다 다르겠으나 적어도 7년 이상 필요하다. 이것은 교회가 새로운 교인을 받아들이는 수용성과 배타성으로 교회의 과거 경험을 반영한다.

른 활동에 당연히 참석해야 하겠으나, 오히려 그것들보다 기존 교인과의 '친밀한 관계'가 더더욱 중요하다. 기존 교인들이 그를 우리 교인으로 받아들이는 근거는 신앙적 기준보다 관계성이 더 중요하게 작용한다는 뜻이다.

여기에서 관계성이란 기존 교인들이 새신자가 교회의 전통, 규범과 가치를 수용하는지, 그것들을 중요하게 여기는지를 알고자 한다. 쉽게 말하면, 우리 편이 될 수 있는지에 관한 여부이다. 만일 그가 그것들을 불평하거나 저항한다면, 그를 우리 교인으로 받아들이는 수용의 기간은 길어진다. 당연히 길어진 기간만큼 그는 교회에서 소외감을 느끼게 될 뿐 아니라 소외감이 심해지면 교회를 떠나게 된다.

교인이 되는 과정에서 정체성을 강화하는 예배와 같은 공식적인 활동이 중요하지만, 실제로는 관계성 같은 비공식적인 활동이 더 중요하다는 사실을 알 수 있다. 비공식적인 관계성에 관여하도록 움직이는 힘이 '이면의 역동력'이다. 이면의 역동력을 볼 수 있는 좋은 예로, 교회마다 평신도 리더(장로)를 세우는 선거에서 후보자의 신앙보다 교인과의 관계성 그리고 교회의 전통, 규범이나 가치를 중요하게 여기는 여부가 선택의 기준이 되곤 한다.

그런 동화, 헌신, 통과의례, 그리고 비공식적인 관계성 등은 이면의 역동력을 움직이게 하는 변수이다. 변수로 인하여 사람들은 조직의 요구를 받아들이거나 거부하기도 한다. 공식적으로 예배의 참석은 당연한 의무이지만, 상황에 따라 참석 여부를 결정한다. 그런 결정, 즉 변수에도 적당한 대안을 제공한다.

봉천 교인의 하나님 이미지를 설명하면서 '기대 상실에 따른 좌절된 분노'에도 불구하고, 하나님을 향해 원망과 미안함이 공존하는 근거는 이면의 역동력에 기인한다. 하나님을 내 편이 아니라고 느낄수록 억울하다는 감정은 교회를 향해 열심히 참석하는 행동으로 드러난다. 예를 들어, 주일이 생일인데도 불구하고 가족보다 교회에 가는 이유이기도 하다. 그것은 하나님 혹은 교회로부터 보상을 바라는 행동이나, 실제로는 기대하는 만큼의 보상은 일어나지 않는다. 또 다른 예로, 교회를 다니지 않더라도 자신을 교회에 속한 사람이라 여기는 감정 또한 이면의 역동력이기도 하다. 교회를 떠난 현실에서도 자신의 정체성을 강화하는 기제로 작용하고 있다.

이면의 역동력은 교인이 되려는 사람들에게 소속감을 주기도 하고, 자신의 정체성을 강화하기도 하며, 때로는 교회를 떠나게 만들기도 한다. 그런 기제로 움직이는 구조 안에서 교인은 교회에서 일어나는 다양한 활동을 통하여 존재감을 가지고 살아간다. 그 같은 존재감(경우에 따라 자존감으로 드러난다)은 교회만 아니라 일상 활동에까지 영향을 미친다. 공식적인 활동만 아니라 비공식적인 활동에서 암묵적으로 동화되는 과정을 통하여 교인은 교회의 일원으로 살아간다.

개인이 위기를 겪을 때 이면의 역동력은 더더욱 중요하게 작용하는데 일부 봉천 교인의 경우, 결혼의 위기를 이겨내는 힘의 원동력을 목장에서 얻었다고 한다. 부부 관계가 회복된 계기는 삶공부를 통해 얻었다고 말한다. 청년의 경우, 목장 활동을 통해서 사람과 사람의 만남을 소중하게 여기는 법을 배웠다고 말한다. 청소년의 경우, 목장에서 배운 설거지나 청소하는 일을 집에서 실천하면서 가족의 구성원이 되었다고 말한다. 이런 사례들 모두 이면의 역동력이 그들의 삶에서 작동한 귀결이다.

봉천교회에서 이면의 역동력 사례

봉천교회는 해방 이후 분단된 상황에서 남하한 월남인들을 교화하고자 세워진 교회이다. 그들은 교회에 출석하고 나서 교인증을 받으면 떠났다. 봉천은 간이역에 지나지 않았다. 그들은 잠시 머물다 떠나는 강화 지역을 새로운 정착지로 여기지 않았다. 교회에 남은 사람들은 지역 주민이었다. 그들 중에는 전쟁의 상흔으로 치유될 수 없는 원수가 교인으로 있기도 했고, 주폭이 일상인 이들도 있었다.

목사도 봉천은 간이역에 지나지 않았다. 짧은 임기와 숱한 이임으로 그들은 장기 목회를 꿈꾸지 못하였다. 그들은 바지사장에 불과했다. 그러는 과정에서 다섯 차례나 교회가 갈라지는 상황을 겪었다. 남은 교인이야 교회의 수호자가 되었으나, 떠나거나 남은 교인 모두 상처를 받았을 것이다. 남은 교인들은 싸우는 교회의 교인이라는 오명으로 살아야만 했다.

새로 들어오는 교인도 없고 더는 떠나는 교인도 없는 상황에서, 교회는 평신도 리더에게 지역 사회에서 가질 수 없는 신분 상승하는 기회를 제공해 주었다. 신분을 상승하고 유지하는 조직으로 교회가 사용되곤 한다. 복음 전파와 교인 돌봄, 지역 사회에 봉사와는 전혀 다른 가치들인 교화, 교인증, 신분으로 움직였음에도 불구하고 봉천교회가 사라지지 않았고 70년을 넘게 생존하였다. 바로 70년을 지탱한 힘은 봉천교회에 있는 이면의 역동력에 기인한다. 교회의 가치와 다른 힘으로 지탱한 조직이었으나 교회의 이름을 가지고 있는 조직이었다.

봉천교회에서 목사는 바지사장이었다. 목사의 리더십은 없었다는 뜻이다. 잦은 이임으로 점철된 교회에서 목사의 권위를 세워 가는 시간조차 허락되지 않았다. 목사들은 교회를 실질적으로 움직이는 힘이 누구에게 있었는지를 알았으나, 그것이 어떤 경로를 통해 행사되는지를 파악하는 기회는 없었다. 공식적인 절차보다 비공식적인 절차로 움직이는 힘의 통로, 즉 교인의 관계성이나 관행을 알지 못하고 교회를 떠나야만 했다.

목사와 평신도의 리더십 충돌을 아들과 아버지의 갈등으로 비화하면서, 교회는 새로운 전환점을 맞이하였다. 이재익 목사가 교인으로부터 목사로서 정당성을 얻게 되면서 차츰 교회는 달라졌다. 그가 강화 출신이 아니더라도 교인들은 그에게 정당성을 부여하였을까? 그랬다면 그가 부임하기 전에 교회는 벌써 달라졌을 것이다. 어릴 때부터 보아 온 교인들에게 그는 목사이기 전에 '우리 아들'로 받아들여졌다.

이것은 봉천교회에 있는 이면의 역동력이다. 그가 강화 출신이 아닌 외지인이었다면, 교인들은 그를 지지하지 않았을 것이다. 목사이기 전에 우리 아들이라는 이면의 역동력은 교회가 달라지는 기회를 제공하였다.

지역 사회의 변화와 함께 봉천교회도 도시 교회 같은 문화적 요소들을 받아들였다. 이재익 목사는 예배만 있던 교회의 문화를 바꿔 나갔다. 그런 변화로 젊은 교인들에게는 교회 다니는 즐거움을 느끼게 하였다. 교회 안에서 세대교체가 일어났다. 교회에서 여러 활동이 다져지면서 그는 교인의 삶을 바꾸려 시도하였다.

그런 그를 도운 프로그램은 가정교회였다. 개인의 삶, 가정을 바꾸려는 그의 노력은 교회 중심의 신앙생활 대신 개인 중심의 생활신앙으로 이어졌다. 원형목장을 통해서 점차 교인들에게 확산되었다. 교인의 집에서 모이는 원형목장은 종교적 모임이라기보다 확장된 가족 모임이라 해도 틀리지 않았다. 그 분위기는 명절에 온 가족이 모여 잔치를 여는 모습과 비슷하다. 종교 목적으로 모인 원형목장은 가족의 유대감을 돈독하게 만든 심리적 안정감을 제공하는 공간이 되었다. 봉천교회에서 발견된 이면의 역동력이다.

교회에서의 모임을 개인의 집으로 옮기는 과정은 목사 리더십을 세우는 계기가 되었다. 젊은 교인들보다 연장자 부부가 목사의 제안을 받아들인 원형목장은, 이재익 목사를 가족 관계에서 벗어나 목사로 세우는 전환점이 되었다. 더불어 리더십의 충돌로 남은 상흔을 의도적으로 지워버린 상태에서, 원형목장에서 자신을 솔직하게 드러내는 목사를 보며 교인들은 신뢰하였고, 그를 신뢰하는 교인들을 통해 목사 또한 신뢰하게 되었다.

따라서 원형목장은 리더십 충돌로 받은 상처를 치유하는 과정을 제공했다. 서로를 향한 불신의 늪에서 벗어나고, 앞으로도 불신이라는 묵은 때가 재발하지 않도록 신뢰를 세워 나갔다. 더불어 평신도 리더십을 세웠던 '역할론'은 평신도 리더가 교회에서 다양한 역할로 정착되면서 리더십 충돌로 싸우는 교회라는 오명에서 벗어나게 되었다.

결국 원형목장과 역할론은 이재익 목사가 26년이 넘는 장기 목회를 할 수 있는 터가 되었다. 원형목장을 통해 봉천교회는 새로워진 교회 문화를 열어놓았다. 목장의 모임을 통해 목사와 교인 사이에 서로를 향한 상호 신뢰를 형성했다는 점에서 역시 이면의 역동력이라 하겠다.

봉천 교인들은 삶공부를 통해 자신의 삶에서 하나님께서 기뻐하시는 일을 찾는다. 예를 들면, 〈부부의 삶〉 삶공부 참여자는 부부 관계에서 배우자를 향한 배려를 하나님께서 기뻐하는 일로 전치(displacement)시킨다. 그는 관계가 더 나빠지지 않기 위해 시작한 삶공부의 강제성에 도움을 받아 여러 가지를 실천하고, 기대한 것보다 더 좋은 결과를 경험하게 된다. 강제성에서 적극성으로 그리고 자발성으로 진전(進展)하는 선순환 구조를 경험한다.

따라서 참여자는 삶공부 참여에 몰입하게 된다. 이런 구조를 신앙의 성장이라 불러도 되겠으며, 스스로 할 수 없다는 전제에서 하나님의 개입으로 관계가 나아지리라는 기대를 품는다. 선순환 구조에서 하는 행동을 하나님께서 기뻐하는 일이라 여기는 전치를 '이면의 역동력'이라 불러도 될 것이다.

교인들의 하나님 이미지에서도 이면의 역동력을 찾을 수 있다. PART 5에서 다섯 가지 유형의 하나님 이미지를 소개하였다. 그중에서 '누구에게나 한결같으신 하나님' 상과 '나랑 상관없으신 하나님' 상에서 그것을 찾아볼 수 있다. 둘의 이미지에는 '박탈감'이라는 공통점이 있다. 하나님께서 자신보다 다른 사람을 더 사랑하신다는 심리적 박탈감이다. 그것은 교회에서 리더들과의 관계성에서 일어나는 현상이나, 그것을 느끼는 교인에게는 자존감에 영향을 끼친다. 자신이 입양되었다고 느낀 교인의 예처럼, 부당하다고 느끼는 교회 구조에서는 하나님의 이미지에도 파급된다는 사실을 교회의 리더는 주목해야 한다.

박탈을 느끼는 교인이 보상을 바라는 행동으로 교회 활동에 열심을 내며 참여하지만, 결국 극복하지 못하고 교회를 떠나기도 한다. 열심을 내는 행동은 '기대 상실에 따른 좌절된 분노'를 상쇄하고자 자신을 속이는 기만이자 자충수이기도 하다. 속임수가 통하지 않는 현실에서 벗어나 다른 상황에서 하나님을 내 편으로 받아들이는 경험을 가지게 되는 현상을 이면의 역동력이라 하겠다. 교회에서는 흔히 이것을 신앙의 회복이라 부른다. 이런 경험을 가진 교인에게 드러난 하나님 이미지는 '누구에게나 한결같으신 하나님'이다.

'탈교회에 대한 감정적 방어 기제' 또한 이면의 역동력이다. 교회를 떠나 있음에도 자신을 교회에 속한 사람이라 여기며 살아가는 근거는, 교회에 속해 있어야 마땅한 자신이 그렇지 못한 현실에서 느끼는 상실감을 만회하는 심리적 방어 기제이다. 그것은 척박한 현실을 이겨내려는 의지를 반영한다.

하나님을 향한 원망보다 미안함이 강하게 작용하면서 때로는 교회를 다니지 못하는 자신의 모습을 자책하며 죄책감에 시달리기도 한다. 오히려 그런 상황에서 하나님을 향해 나아갈 기회를 잡으려는 집착을 보이기도 한다. 미안함과 죄책감에서 벗어나려 교회를 기웃거리는 기간 동안 교회에 남는 모습이 '그냥 좋아 보이는' 경험을 가지게 되고, 교회와 멀어진 자신을 교회에 속한 자신으로 바꿔 나간다.

자신을 탕녀로 여겼던 교인처럼 자식이 잘못했다고 부모가 버리느냐는 설교를 듣고 자신을 하나님의 자녀로 받아들인다. 남의 편인 하나님이라 여기는 심리적 저항이 약해지고, 하나님을 내 편으로 받아들이는 게 그냥 좋아 보이게 만드는 기제가 바로 이면의 역동력이다. 교회에서는 이것 또한 '신앙의 회복'이라 부른다.

이면의 역동력은 교인들의 다양한 활동에서 생겨난다. 교인으로 살아가는 데 도움을 주며, 일상생활에서도 건전하게 살아가도록 돕는다. 교인들은 교회에서 그것을 찾을 수 없을 때 교회를 떠나기도 한다. 봉천

교회에서는 이면의 역동력에 의해 도움을 받아 봉천 교인이라는 자부심으로 살아간다. 이면의 역동력은 봉천교회의 신앙이자 '생활신앙'이라 부른다. 그들은 그것에 맞춰 살아가고 있다. 그렇다면 그들은 이면의 역동력을 어떻게 활용하고 있는가? 그것이 어떻게 작동하는지를 살펴보자.

봉천 교인에게 끼친 이면의 역동력

봉천교회 교인의 직업에서 특이한 점이 있다. 교회가 농촌 사회에 속해 있음에도 교인의 직업을 보면 농업 종사자는 없다. 다수가 목수, 보일러 수리공, 전기 기능사 등 실생활에 필요한 직업군이다. 나는 이것을 '동종 직업군'이라 부른다. 교인의 직업은 집을 만들고 관리하는 데 꼭 있어야 하는 일들이다. 농촌 사회에서도 농업 종사자보다 더 필요한 직업을 가진 사람들이다. 그들 중에 처음부터 위의 직업이 아니라, 대기업의 팀장에서 목수가 되었거나, 은행원에서 전기 기능사가 된 이들도 있다. 그들에게는 '생애 두 번째 직업'이다. 교인들은 동종 직업군과 세컨드 커리어라는 동질성을 갖는다.

강화 출신이 아닌 교인들은 농촌과 도시 변두리에서 태어나 성장하고 성인이 되어 강화로 이주하였다. 귀촌이나 귀농이 아니다. 봉천교회에는 귀촌한 교인들도 농촌에서 태어나 도시에서 경제 활동하다가 강화로 들어왔다. 강화로 이주하여 교인이 된 사람들이나 강화 출신의 교인들을 비교하면, 태어나서 살아온 과정이 문화적으로 비슷하다는 점에서 교인들은 서로 융화될 수 있는 '문화적 유사성'을 가졌다고 하겠다.

현재 활동하는 교인 다수가 40대에서 50대 초반인 '실용(Buster) 세대'라는 점도 간과할 수 없는 요인이다. 그들 다수는 기독교 가정에서 태어나지 않았으나 초·중·고 시절 교회를 다녔다는 점도 주목할 필요가 있다. 또한 그들은 고등학교를 졸업하고 혹은 대학을 다니는 동안 교회를 떠났다. 결혼하고 자녀를 양육하는 기간을 거치면서 삶의 위기를 극복하고자 다시 교회를 찾았다는 점도 비슷하다. 그들은 '실용'이라는 과제를 안고 태어났다고 해도 틀리지 않는다.

한국전쟁 이후, 폭발적인 인구 증가를 억제하려는 산아 제한 정책은 국가 발전을 위해 필요하다는 점에서 실용적이었다. 그 정책은 가족을 위한 정책도 아니며, 국가가 개인의 선택을 통제하는 도구였다. 그들은 형제자매가 없는 삶을 태어나면서 시작하였다. 그들의 자녀도 친족이 없는 삶을 살아야만 하였다. 자녀들은 삼촌이나 이모의 부재 속에서 친족의 호칭을 다르게 사용하는 삶을 살았다.

봉천교회를 찾은 사람들에게 교회는 운명이 아닌 '선택'이다. 부모의 신앙을 이어가는 자녀로서 교회를 당연히 다녀야 하는 의무가 그들에게는 없다. 그들의 삶에서 필요로 인하여 교회를 다시 찾았다. 자녀에게 종교의 필요성을 인식하여 교회를 다니게 된 이도 있었고, 결혼이나 가정의 위기를 극복하고자 교회를 다시 다니게 된 이들도 있었다.

선택은 실용적이다. 교회는 그들에게 필요를 채우는 공간이 되었다. 교인을 가족으로 여기는 분위기에서 자녀들은 교인을 친족의 호칭(특히 '이모'라는 호칭을 쉽게 듣는다)으로 불렀다. 교회를 흔히 '확장된 가족'이라 부르나 봉천에서는 그것보다 더 강하고 친밀한 관계를 유지하고 있다. 그렇게 될 수 있는 근거로는 버스터 세대가 겪는 삶의 경험이다. 가족이

해체된 삶의 터를 새로이 만들어 가야 하는 그들에게 필요한 부분을 교회에서 채운다는 공유된 동질성에 기반을 둔다. 해체된 가정을 새로이 세움이라 하겠다.

동종 직업군과 세컨트 커리어, 문화적 유사성, 그리고 해체된 가정의 새로이 세움이라는 공유된 동질성은 마페졸리가 주장한 새로운 부족(봉천교회에 모이는)을 향한 요소들이라 하겠다.[39] 그는 현대 사회에서 개인의 선호도나 취향에 따라 결성된 작은 집단들이 많아지는 현상을 새로운 부족이라 부른다. 그런 집단들에게는 공유된 동질성이 있다는 점에서 과거 전통 사회의 부족과는 다르다.

현대 사회의 개인은 특정 집단 하나에만 속해 있지 않고, 관심사에 따라 여러 집단에 속한다는 특징이 있다. 집단의 소속감이 유동적이라는 점도 간과할 수 없는 성격이기도 하다. 따라서 봉천교회에서 동종 직업군과 세컨트 커리어, 문화적 유사성, 그리고 해체된 가정을 새로이 세움 등이 교인들의 삶에서 공유된 동질성으로 드러나면서 그들에게 필요에 따른 연대감을 제공한다. 서로의 상호작용을 통해 교인이라는 소속감도 얻는다. 그리고 삶공부와 목장, 예배를 통해서 생활신앙으로 승화한다는 점에서 비종교적 현상에서 종교적으로 해결한다는 점에서 이면의 역동력이 작동한다.

봉천교회 교인들은 삶공부와 목장에서 '상호작용 의례(interaction ritual)'

---

39)   이것에 관심을 둔다면, 그(Micheal Maffesoli)의 책 『부족의 시대: 포스터모던 사회에서 개인주의의 쇠퇴』(Le Temos des Tribus) (문학동네, 2017)를 읽어 보길 바란다.

[40]를 경험한다. 그들은 삶공부를 배우고 목장에서 자신의 이야기를 나누는 지속적인 만남의 과정을 거치면서 정서와 의식에 변화를 겪는다. 그들은 교회에서 당연시하는 믿음에 편승하지 않고, 자신들이 처한 삶의 자리(상황)에서 그들만의 믿음에 관한 가치를 새롭게 찾으려고 한다.

그들은 믿음을 도덕적 원리, 누구나 알고 있고 당연하게 있는 그대로 받아들여야 하는 경향으로 받아들이지 않는다. 믿음이 개인의 상황에 따라 달라질 수 있다는 믿음의 유동성을 삶공부와 목장에서 배웠다. 따라서 그들은 원칙을 주장하지 않고 그들이 겪은 경험을 공유한다. 일상생활에서 겪는 경험은 누구에게 있을 수 있다(공통된 경험)는 점에서 출발한다.

공통된 경험에 그들의 관심이 결집하면서, 그것을 교인 모두의 공유된 사건으로 승화한다. 삶공부나 목장에 모인 그들은 서로 공감하는 분위기를 가지면서 개인의 이야기를 공유된 사건으로 강화한다. 서로의 이야기에 공감하는 상호작용은 모임에 열광적인 태도로 참여하도록 만든다. 반복을 통해 의례가 된다.

그래서 목장에 참석한 이들은 자정이 넘어가도록 열띤 토론을 이어갈 수 있는 에너지를 가진다. 모임 시간의 축적만큼이나 서로에게는 깊은 유대가 형성되어 참여자의 정서적 에너지를 끌어올린다. 그렇게 만들어진 경험을 교인들은 절대로 잊혀질 수 없는 상징(예를 들면, '딱 요만큼')으로 기억한다. 그것은 봉천교회에서만 경험할 수 있는 성스러운 대

---

40)   이것은 콜린스(Randall Collins)가 주장하는 이론으로 그의 책 『사회적 삶의 에너지』 2장과 3장을 읽어보라.

상(딱 요만큼 채우시는 하나님)이 된다. 그것을 비난하거나 부정하는 사람은 교인이 될 수 없고 그들을 향해 '정의로운 분노'(다른 교회에 출석하는 사람들은 교인으로 받지 않고, 봉천교회에 출석하더라도 한동안 교인으로 받아주지 않는다)를 드러난다.

봉천교회를 다니는 교인의 모습이 좋아 봉천을 다니게 된 사례(lived faith story 1)에서, 그는 언니를 모방하는 게 자기를 행복하게 만드는 일이라 여겼다. 종교적 이유보다 개인의 목적이 우선한다. 행복해지려고 교회에서 행복만 아니라 신앙도 가지게 되었다는 점에서 이것 역시 이면의 역동력이 작동하였다고 할 수 있다.

그것을 상호작용 의례로 풀어보자. 우리 모두 행복해지려 한다. 특히 위의 사례처럼 결혼의 위기를 겪는 상황에서는 행복 추구는 더 강하게 작용한다. 부부의 위기를 겪은 이들은 이미 목장에도 있었다(공통된 경험). 그는 목장에서 자신의 힘든 사연을 나누면서 참석자로부터 지지를 받는다. 개인의 경험이 아닌 참석자 모두의 공유된 사건이라는 유대감을 갖게 된다. 더는 개인의 문제가 아닌 모두의 문제로 전환된다. 따라서 교인들은 그를 위해 기도하며 위기를 잘 극복하기를 간절히 기대하고 실제 생활에서도 돕는다.

인터뷰에서 그는 "하나님에게 믿고 기도를 하다 보니 이 사람이(배우자) 이해가 가기 시작하더라. 스스로 사람으로 이해하려니 안 되는데, 하나님 마음으로 이해하려니 이 사람에게 더 미안하고 죄스러워지고, 더 도움이 돼야 하겠다"라는 마음을 품었다고 한다. 하나님 마음으로 배우자를 이해하려는 관점의 전환은 그에게는 '하나님께서 기뻐하시는 일'이고, 봉천교회의 신앙적 슬로건을 받아들이는 일이었다. 그에게는 거

록한 일로, 배우자를 이해하는 태도는 하나님으로부터 사랑받는 일이 되었다. 부부 관계를 회복하면서도 그는 "행복한데, 뭔지 모르게 공허함이 있었다"라고 말한다.

그런데도 지금의 행복을 지켜내려는 악착같은 마음으로 배우자나 자녀에게 헌신하게 된다. 그렇게 하지 않는다면 하나님의 뜻을 위반하는 행위이자 위반에 책임(정의로운 분노)을 져야 하기 때문이다. 그는 그렇게 변하게 되었고, 배우자 또한 함께 변하였다. 달라진 자신을 회상하면서 다른 사람의 아픔을 보게 되었다고 말한다. 그의 배우자는 이렇게 말한다.

> 하나님의 존재는 보이지 않고, 냄새가 나는 것도 아니고 한데. 그런 걸 삶으로 체험해보니, 하나님은 내 삶 속에 있어요. 그것을 느끼려고 찾아보려고 안 했을 때는 보이지도 않고 느끼지도 못했는데, 지금은 느껴지는 거 같아요.

> 제 삶이 변화된 게 증거 같아요. 변화된 대로 살려고 한 사람이고, 상처 주던 사람이 그런 거 안 하려 했고, 좀 젠틀해지려 하면서 내 아이랑 친구같이 지내고. (아이들이) 꿈이 있다면 발전시켜주고 싶고. 제가 느낀 감정, 좋은 거를 자녀에게 전해주고 싶은 거예요.

이런 변화된 모습은 신앙적인 측면을 넘어 일상에서 가족의 관계에서 더 명확하게 드러난다는 점에서 봉천의 '생활신앙'이 주는 힘이라 여겨진다. 따라서 생활신앙이란 부부 관계의 위기를 극복하는 일에서 시작하였으나 가정이 행복해지고 자녀를 향한 헌신하려는 마음, 더 나아가서는 다른 사람의 위기에도 공감하게 되는 마음가짐으로 확장한다. 행복해지기 위해 봉천을 찾은 이들 부부는 행복과 함께 신앙을 찾아가면서 가족이나 이웃을 향해 염려하는 마음을 가지게 되었다. 이것을 이면의 역동력 작동이라 설명할 수 있겠다.

이면의 역동력 작동이라고 딱 잘라 말하긴 미약하지만, 그래도 어느 정도는 연관성이 있고, 다른 측면에서 중요하게 여겨야 할 부분으로 교회를 떠나고 남는 근거에 관해서다. '나랑 상관없으신 하나님 이미지'를 설명하면서 남의 편인 하나님이 내 편이 되는 과정을 다섯 단계로 부연하였다. 3단계에 있는 사람을 교회에 기웃거린다고 하였다. 그들 중에는 교회를 떠나는데 이유가 모호하다고 하였다. 그것을 '그냥 싫어서' 떠나게 된다고 하였고, 또한 교회에 남는 모습을 '그냥 좋아 보여서'라고 하였다.

교인이라면 언뜻 이런 감정적 표현을 받아들이는 게 힘든 일이라 여겨진다. 인과론적으로 납득하려는 입장에서는 도저히 받아들이기 힘든 주장이다. 떠나는 이들에게는 교회에 남아 있기보다 떠남이 편하다. 교회에 남아 성가시고 귀찮은 일로 힘들어지기보다 훌훌 털고 떠나는 게 훨씬 편하다는 뜻이다. 다르게 말하면, 교회를 떠나기로 계획하거나 의도하지 않았는데, 어쩌다 보니 떠나게 되었다는 말이 된다. 목사의 말을 빌린다면, 예배 자주 빠지면 교회를 떠나게 된다는 말과 일맥상통한다.

주커만(Phil Zuckerman)은 저서 『Faith No More』[41]에서 교인들이 교회

---

41)   Faith No More: Why people reject religion, (New York: Oxford University Press, 2012).

를 떠나는 이유로 9가지를 제시한다. 종교가 없는 부모(가정) 밑에서 자란 자녀일수록 덜 종교적이다. 높은 교육을 받은 사람일수록 종교에 속할 가능성은 적다. 죽음과 이혼 등은 교인에게 회의주의를 갖게 만든다. 교인들은 다른 종교(교회) 문화들을 접할 기회가 많을수록 비교를 통하여 자신이 속한 종교(교회)의 모순을 발견하면서 떠나고, 사회적 지인들이 종교(교회)에 속해 있지 않을수록 교회를 떠난다.

정치적·종교적 우익은 다른 정치적 성향의 교인에게 교회를 떠나게 만든다. 보수적 성 인식(sexual awareness)은 특히 청년들이 교회를 떠나게 만든다. 사탄·지옥 등과 같은 구호는 더는 교인들에게 매력적이지 않다. 이것들이 강요되면 될수록 교인들은 교회를 떠난다. 종교인(지도자)의 부정행위는 교인들이 교회를 떠나게 만들며, 가정에서 부모의 모순된 행동은 자녀를 교회에서 떠나게 만든다.

위의 9가지는 미국 교회를 향한 내용이지만, 한국 교회에 적용해도 별반 다르지 않아 보인다. 한국 교회에서도 교회를 떠나는 이유로 볼 수 있다. 하지만 이런 이유만으로 교인들이 교회를 떠나지 않는다. 그들은 이미 그 같은 이유 몇 개를 가지고 교회와 목사에게 실망하면서도 교회를 다니고 있다. 교회를 향해 실망했던 누적된 감정은 어느 순간 혹하고 그들에게 밀려올 때 그 이유들이 중요하게 작용한다. 이유는 떠나는 명분이 된다.

새내기 대학생의 인터뷰에서, 그는 초등학교 시절 교회를 다니면서 교회를 떠나면 큰일이 생긴다고 배웠다고 하였다. 그런데 교회를 다니지 않아도 그의 삶에서 아무런 일도 생기지 않더라고 말한다. 이것이 시사하는 점은 매우 중요하다. 그는 교회에서 배운 가르침이 거짓이었다고 느끼면서, '교회를 떠나도 괜찮네!' 하는 마음을 가졌다고 한다.

교인들은 떠나는 일을 더는 죄스러워하지 않는다. 교회에 매이기보다 자립적인 삶의 태도를 보인다. 떠나는 용기를 훨씬 쉽게 가지게 되었고, 떠나는 일을 삶에 대한 주체성이라 여기기도 한다. 아주 단순하게 말하면, 그들은 "교회를 떠나도 아무런 일이 생기지 않더라" 이다.

인터뷰에서 새내기 대학생의 이야기와 다르지 않다. 따라서 교회에서 떠나는 분위기는 수월해졌다. 교인들은 과거보다 훨씬 쉽게 떠남을 선택하고, 떠나는 유형도 다양해진다. 세속 문화나 인터넷에서는 떠남을 부추긴다. 어쩌면 교회에 남아 있으려는 노력이 떠남보다 더 힘들어질 듯하다.

다시 새내기 대학생과의 인터뷰로 돌아가 보자. 그는 봉천교회에 출석하면서 자신이 종교를 선택하였다고 주장한다. "내가 선택한 교회에 다니고 있다"라고 말한다. 어린 시절 어머니와 함께 때로는 할머니와 함께 교회를 다녔다는 그는 정말 아주 가끔, 아버지도 교회에 출석하였다고 한다. 이미 종교적 환경에서 성장하였음에도 그는 자신이 선택한 교회라 말한다. 이게 어떻게 가능한가?

그가 교회를 떠난 기간은 십여 년도 아니고 겨우 1~2년이고 그것도 중학교 1~2학년 무렵인데, 선택이라니 웃기지 않는가? 친구 따라 봉천의 청소년 목장부터 참석하였다는 그는 목장을 '교회'라 생각하지 않았다. 동아리 모임 정도로 여겼다는 의미다. 목장에 참석하니 밥도 주고 같이 노는 게 좋아서 자주 참석하게 되었다고 말하였다. 이것은 믿음이 있어서 교회에 출석하는 것이 아니라, 만남(교제)이 좋아서 자주 참석하다 보니, 그곳이 교회라서 출석하게 되었다는 게 된다.[42] 그는 믿음보다 만남을 우선하는 시대에 살아간다.

생활신앙: 개인의 종교적 활동

새내기의 인터뷰 사례처럼, 교인들은 낯선 환경이 지배하는 시대에 살아간다. 나는 그것을 '생활신앙'으로 살아가게 되는 시대 배경으로 바라보았다. 생활신앙은 조직화한 종교 기능보다 개인의 종교적 활동에 초점을 맞춘다. '종교적인 것'을 교회라는 제도화된 종교 기관에 속하지 않아도 되고, 교회 활동을 믿음과 의례라는 제도에 국한하지 않아도 된다고 여긴다. 그렇다면 우리는 개인의 생활에서 이뤄지는 여러 활동을 종교적인 것으로 받아들일 수 있다. 교회를 한 달에 몇 번 출석하는지, 성경을 한 주에 몇 번 읽는지, 한 주에 몇 번 기도하는지를 측정하던 이제까지의 척도로 생활신앙을 종교적인 것으로 평가하기 어렵다.

어떤 이는 인터뷰에서 교회에서 떠나 있으면서 초등학생인 자녀에게 종교적인 가치를 가지게 해 주는 삶이 나쁘지 않겠다고 여기면서 교회를 다시 찾게 되었다고 말한다. 그는 굳이 기독교가 아닌 다른 종교도 선택할 수 있었으나 그가 아는 종교는 기독교이었고, 지역에 있는 교회 가운데 자녀에게 좋은 종교적 가르침을 주는 교회로 봉천교회를 선택하

---

42)　이것에 관해서는 배스(Diana Butler Bass)가 쓴『교회의 종말: 기독교 종교의 몰락과 새로운 영적 각성 운동』(Christianity after Religion: The end of church and the birth of a new spiritual awakening) (도서출판 kmc, 2017)을 읽어보라. 믿음-행동-소속이 시대에 따라 어떻게 달라지었는지를 주목하라.

였다고 한다.[43]

후기산업사회를 살아가는 사람들은 종교가 사회를 통합하는 도덕적 원리라고 생각하지 않는다. 사회를 통합하는 기능으로서 종교적 견해는 여전히 기독교인에게 중요하게 작용하고 있으나, 그렇지 못한 상태에서 교회가 쇠퇴하고 있다는 점을 부인하지는 않는다. 관심도 다양해지고 남들과 다른 취향을 추구하므로, 존재의 의미를 제각각 부각하는 시대의 흐름인 개별화(individualization)에 종교도 비껴가지 않는다고 인정한다면, 우리는 개인의 활동에서 모두에게 통용되는 도덕적 원리가 아닌 '개인의 종교적인 것'을 찾을 수 있고 그것에 중요성을 덧댈 수 있다. 그런 활동에는 개인의 선택이 중요하게 작용하는 것처럼, 목장을 교회에서의 활동보다 동아리로 여기는 착각조차 자신의 선택이라 주장하는 새내기의 말에서 이미 생활신앙의 측면을 엿볼 수 있다.

따라서 생활신앙은 교회 중심의 신앙생활이 아니다. 교회로 모이는 활동을 추구하는 신앙도 아니다. 더불어 이것을 사유화한(privatized) 종교라고 비난하거나 공공성(publicness) 기준으로 평가하지 않았으면 한다. 교회를 다니지 않는다고 많은 비난을 받았던 쉴라(Sheila)[44]나 로라(Laura)[45]도 나름의 종교적이지 않았느냐 하는 태도에서, 조금 더 교회로

---

43)　수능을 앞둔 자녀를 위해 기도한 어머니에 관한 이야기이다. 그는 자녀를 위해 수능 기도회가 열리는 세 곳(교회·사찰·성당)을 다녔다고 한다. 수능이 끝나고 그녀에게 가장 편안한 곳을 사찰로 여겨지면서 불교를 받아들였다고 한다. 내가 들었던 이야기의 내용은 여기까지라, 그녀가 무엇 때문에 불교를 선택하였는지는 모른다. 이것은 종교를 선택하는 이유로 "그냥 좋아 보여"라는 측면을 강조하는 다른 근거로 제안하려 한다.

44)　벨라(Robert N. Bellah) 등이 쓴 Habits of the Heart: Individualism and Commitment in American Life (NY: Harper & Row, 1985)에서 소개된 쉴라를 통해 교회에 소속하지 않고도 종교적인 삶을 살아가는 모습을 제시한다.

가까이 가거나 치우쳐 보자. 교회에 친화적 태도를 보이자. 그와 같은 태도를 나는 생활신앙이라 부르고자 한다.

봉천 교인들의 모습에서 오순절 교회에서 쉽게 볼 수 있는 성령 체험은 찾아볼 수 없다. 방언으로 기도하는 모습을 볼 수 없으며, 예배 시간에 부르는 찬송가도 성령에 연관된 찬송은 잘 부르지 않는다. 이것은 성령 운동에 몰입했던 연령대와도 관련한다. 교인들은 섬기는 대상인 사람(이들을 VIP라 부른다)이 변화되는 모습을 보면서 '성령님이 함께하신다'라고 고백한다. 그들은 가정에서 '나의 변화 당신의 행복'이라는 캐치프레이즈처럼 헌신을 통해 배우자나 자녀가 달라지는 모습에서 '함께 하시는 하나님'을 체험한다.

인터뷰에서 여러 명은 자존심이 상하지만 배우자에게 친근한 말 한마디 건네게 되면서 배우자의 반응이 달라지고, 그런 변화가 잦아들면서 가정이 밝아지는 모습을 통해 '하나님께서 우리 가정에 계신다'라고 말한다. 남의 편이라 여겼던 하나님 이미지에서 받았던 박탈감으로, 자신을 탕녀로 여겼던 교인이나 교회에 입양되었지만 파양되지 않을까 불안하던 교인은 봉천에서 신앙생활을 통해서 자신을 하나님 자녀로 받아들이는 경험을 한다.

그래서 하루의 삶이 즐겁고 행복해지고 있다고 그들은 고백한다. 이웃이나 직장에서 만나는 사람들에게 자신이 겪은 하나님의 체험을 살아가는 모습으로 드러내고 있다. 전도하지 않아도 행복한 모습을 보며 봉천

---

45)   맥과이어(Meredith B. McGuire)의 Lived Religion: Faith and Practice in Everyday Life (Oxford Univ. 2008)에서 소개하는 인물로 가톨릭 집안과 멕시코 민족적 전통이 혼합된 종교적 정체성으로 실생활에서 이뤄지고 있는 종교적 모습을 소개한다.

교회를 다니게 되었다고 인터뷰한 교인처럼 생활신앙을 나누고 있다.

삶을 조정하시는 하나님으로 받아들이는 교인들에게는 갈등을 조정하는 모습에서 하나님의 개입을 말한다. 기도하는 마음으로 조정하고자 할 때, 예기치 않게 일이 풀려가는 경험에 근거해서 다시 하나님을 찾게 되었다고 말한다. 이런 모습들에서 그들이 가지고 있는 생활신앙이 드러난다.

이면의 역동력은 신앙이다. 그것은 그들이 누구인지를 알 수 있는 정체성으로 나타난다. 봉천교회에서 이면의 역동력을 나는 생활신앙이라 하는데, 생활신앙은 교회로만 모이는, 교회 안에서만 이뤄지는 활동이 아니다. 그것은 교회와 함께 일상의 공간인 가정이나 일터에서 "하나님께서 기뻐하시는 일"을 찾으려는 태도에서 생겨나는 활동이다. 이면의 역동력은 그들을 움직이게 만든 힘이다. 그것은 종교적 박탈감으로 멀어진 하나님을 다시 체험하는 근거가 되었다. 교회를 떠나 있음에도 불구하고 여전히 자신을 교회에 속한 사람이라 주장하는 '탈교회에 대한 감정적 방어 기제' 또한 이면의 역동력에 기인한다.

그런 이면의 역동력을 생활신앙이라 부르는 또 다른 근거는 바로 우리 안에서도 찾아볼 수 있기 때문이다. 여태까지 교회 중심의 신앙생활을 하면서, 우리는 생활신앙을 중요하게 여기지 않았다. 교회에서 하던 일들만 신앙생활이라 여겼다.

코로나로 예배당에 참석할 수 없는 처지에서 텔레비전(유튜브에서 실시간 예배)을 켜 놓으니 예배가 거실로 들어온 상황은 예배가 아닌가?(lived faith story 2) 비대면 예배에 참석하기 전 10분 동안 가족이 다 같이 모이는 순간, 하나님께서는 가족의 모임에 함께 계시지 않는가?[46] 봉천 교인이 아니더라도 우리의 모습을 찬찬히 들여다보면, 생활신앙은 우리에게서도 찾을 수 있다. 특별나거나 별나지 않아도, 예외적인 모습이 아니더라도, 우리 안에서도 생활신앙을 발견한다. 다만 우리는 여태까지 그것에 관심을 두지 않았을 뿐이다. 그것을 소중하게 여기지 않았을 뿐이다.

이제까지 교회에서 해 왔던 신앙살이와 함께 일상에서 하나님께서 기뻐하시는 일을 찾으려는 자세로 오늘을 산다면, 우리도 생활신앙으로 살아가게 된다. 생활신앙은 오늘 우리를 향한 하나님의 부르심에 따라 살아가는 모습이지 않겠는가.

46)   PART 7에 있는 각주 47번을 참고하라.

사랑에 살고 지고

난 무던한 사람이다. 윗사람의 말에 토를 달기보단 "알았어요" 하는 편이다. 결혼하고 아파트 옆 동에 사셨던 장모님이 주일 아침, "최 서방, 교회 가야지" 하시면 "예"라는 대답이 자동이었다. 어릴 적 닭장을 개조한 교회에 다녔지만, 내 인생에서 교회생활은 이렇게 시작하였다.

결혼 생활은 힘들었다. 이혼의 위기, 직장을 잃고 시작한 사업도 실패, 그리고 부자 관계가 멀어진 아버지. 그런 힘든 일을 겪으면서 주위 사람들을 원망했다. 모든 것을 포기할 수 없어 버텨내던 시기, 아내가 친구 아내를 따라 봉천교회에 가게 되었고, 나도 아내 따라 교회에 갔다. 낡고 낡고만 기억되던 성경을 실생활에서 적용하는 설교를 들으면서 삶의 가이드로 받아들였다. 사람에게 깨어진 상처를 하나님의 말씀에서 치유하려는 심사였다. 그렇게 버티며 살아냈다.

용서할 수 없던 아내가 나로 인해 아파하는 모습이 보였다. 받은 상처를 앙갚음하는 나를 보면서 기도하기 시작했다. 하나님께서 내 안에 있다면 아내와 아이들에게 그것을 보여주고 싶었다. 사람을 신뢰할 수 없다는 생각이 점차 허물어졌다. "내가 아내를 도울 수 있는 사람이 된다면" 하는 나에 대한 믿음도 생겨났다. 기도하면 그렇게 되어야 한다고 믿었다.

하나님은 나에겐 신뢰이다. 사람에게서는 깨어졌으나 하나님과의 신뢰를 통해 사람을 신뢰하는 법을 배웠다. 삶공부에서 배운 성경 말씀으로 어떻게 살아야 하는지를 배웠다. 그렇게 살았고 지금도 그러려 애쓴다. 갈등이 생기면 감정보단 기도가 먼저다. 부부 싸움을 해도 화해의 속도가 빨라졌다. 그랬더니 아내가 달라졌고, 아이들도 밝아졌다.

요즘 삶의 지침서인 성경으로 사랑을 살아낸다. 주위 사람들을 보며 "왜 저럴까?" 하는 생각이 잦아진다. 그러든지 말든지 했던 태도에서 그들을 향한 연민도 생겨난다. 하나님에게 받은 사랑을 나누고 싶은 마음이다. 무관심에서 관심을 가지면서 그들의 말을 잘 들으려 애쓴다. 내 얘기도 해 준다. 그러면 그들이 나아질 테니 하는 마음이다. 당연히 그들을 향한 기도도 빼놓지 않는다. 하나님에 대한 믿음으로 변한 내 모습을 가족이나 그들에게 보여주고픈 심정에서 오늘을 살아간다.

최 형제 · 봉천교회 성도

PART 7

교 회 의   미 래 를   여 는
하 나 님   음 성

우리는 문화 전쟁을 치러야 한다

앞으로 30년 동안 한국 교회 모습은 그리 녹록하지 않아 보인다. 개신교인의 수가 몇 명인지, 교회가 몇 개인가 하는 양적 측정은 중요하지 않다. 어느 교파가 살아남는지 하는 궁금증도 마찬가지다. 다만 명백한 흐름에 따르면 앞으로 많은 교인이 사라지고, 교회의 숫자도 절대적으로 줄어든다.

2050년이 되면 개신 교회 지형은 장로교회와 비장로교회가 되리라 예상한다. 그때 교인들은 장로교회에 다니거나 비장로교회에 다닌다는 말로 교파 정체성을 표현할 듯하다. 일부 특정 교파의 이름을 사용하지 않는다. 교인들은 교파로 자신의 종교적 정체성을 찾지 않는다는 뜻이기도 하다.

외형적 위기보다 종교의 도덕적 원리가 더 큰 위기로 다가오리라 예측한다. '누구나 알고 있고 당연하게 있는 그대로 받아들이는' 도덕적 원리가 교회에 있느냐?가 나의 관심이다. 교회의 도덕적 해이나 도덕적 불감증은 이미 사회의 통념으로는 도저히 받아들이지 못하는 상태에 다다랐다.

다원화된 사회에서 다양한 계층의 필요에 상응하는 도덕적 원리란,

사회적 통합의 기능을 수행하기에는 부족함이 있더라도, 교회는 사회를 통합하는 도덕적 원리를 가져야만 하는 당위성 앞에 당당하게 서야만 한다.

도덕적 원리를 얻으려는 교회의 첫 과제는 '성별(consecration)'이다. 지난 반세기 동안(1970~2020년) 교회는 성장을 향해 달려왔다. 성장이 정체와 교착을 넘어 쇠퇴에 놓였다. 교회마다 각자도생이라는 위기에 살아남으려는 경쟁을 또다시 해야 한다. 새로운 경쟁에서 기준은 무엇일까? 난 그것을 성별이라 부른다. 교회답게 되어야 한다. 그런 관점에서 성별을 거룩으로 좁게 정의하지 않아야 한다. 우리의 생각이나 활동에, 심지어 옷이나 음식까지 성별해야 한다. 앞으로 우리는 문화 전쟁(culture war)을 치러야 한다.

새로운 교회를 위해 기도할 때

2015년 인구조사에서 개신교는 한국에서 가장 많은 종교인을 가진 종교가 되었다. 한국인 5명 중 한 명은 개신교인이다. 가톨릭을 포함하면 4명 중 한 명은 기독교인이 된다. 그런데 전체 인구 2명 중 한 명은 무종교인이다.

다른 나라와 비교하면 한국은 무종교인이 많은 국가다. 종교인이 가장 많은 개신교이지만 빛 좋은 개살구에 지나지 않는다. 어디를 가든 교회는 있는데 교인은 점차 줄어 가고 있다. 교회를 떠난 사람들은 점차 많아진다. 교회에 속한 사람들은 점차 줄어들고 차츰 고령화되어 간다.

교회마다 10대에서 30대 젊은 교인들을 찾아보기 힘들어졌다. 목사가 되겠다는 젊은이들은 가파르게 줄어들었고, 신학대학은 앞으로 30년 안에 사라질 위기에 처했다. 언론의 사회면을 장식하는 일탈한 목사는 늘어난다. "저런 사람이 목사라서 믿을 수 없어"라는 말을 교회 안에서도 쉽게 들을 수 있다. 2000년 이후 개신교인은 사회에서 '이등 시민'이 된 듯하다.

개신교인은 왜 이렇게 초라하게 되었을까? 그래도 한때 그들은 교회 다닌다는 모양새로 시대를 앞선 사람이 되었고, 다른 종교인이나 무종교인들보다 도덕적으로 그리고 윤리적으로 우위에 선 사람들이었다. 장로가 되면 지역 사회에서나 교회 안에서 덕망 있는 사람이었고, 목사라면 당연히 동네에서 어른 소리를 듣곤 하였다.

이제 그런 기대는 요원하다. 아니, 기대하는 희망조차 사라졌다. 교회를 다닌다고 말하지 않는 게 좋은 이미지를 가질 수 있는 현실이 되었다. 교회에 속한 젊은 세대일수록 교회를 다닌다고 말하지 않는다. 돈 있어야 장로가 되는 게 당연한 교회 현실이고, 목사는 은퇴하면서 몇억을 챙기는 게 당연한 일이 되었다. 세습만 아니라 은퇴하는 목사에게 돈을 주고 교회를 이어받는 게 흔한 일이다.

오늘 교회 현실에서 목사에게 '성직'이라는 말을 사용하기 민망하게 되었다. 목사로서의 신앙이나 인품을 찾아보기 힘들어졌다. 목사를 신뢰하는 교인은 점차 줄어들고 있다. 담임목사도 믿지 않는 게 요즘 교인이다. 목사의 신앙은 바닥을 친다. 목사의 신앙이 평신도 신앙보다 높다는 말을 믿는 평신도는 소수에 지나지 않는다. 목사라서 믿을 수 없다는 말을 교인도 스스럼없이 사용한다.

코로나 팬데믹을 겪으면서 목사는 돈을 밝히는 벌레라는 이미지를 갖게 되었다. 그래서 목사를 돈충이라 한다. 자괴감에 빠진 목사들은 자존감을 지켜주는 무엇을 찾으려 하지만 답을 찾지 못하고 있다. 아니 답을 찾으려는 시도조차도 어렵다고 해야 할 듯하다. 어떻게 찾아야 할지 방법도 모르지만, 답을 찾는다고 해도 해결할 능력조차 없는 게 현실이다. 오늘날 개신 교회의 목사는 대체 어떤 존재일까? 정말 사회에 필요한 존재일까? 아니면 사회를 좀먹는 해로운 벌레인가?

목사에 대한 정체성 위기를 겪는 현실에서 방어적 태도를 지닌 목사는 교회만 그런가 반문하려 한다. 종교가 없는 사람의 시각에서, 그리고 사회 안에서 목사의 변명은 더는 통하지 않는다. 그래서인지 조금이나마 상식을 가진 목사는 바닥에 떨어진 위상을 정화하려는 노력을 묵묵히 행하고 있다. 스스로 정직한 모습을 보이려 애쓰고, 옳은 선택이나 결정을 하려 아등바등하고 있다.

그런데도 아쉬운 모습은 그런 노력이 교회라는 범주에만 머물러 있다는 점, 다른 목사와 함께하는 노력이 아니라 혼자서만 한다는 점, 그렇다 보니 정화하려는 방향성이나 목적성, 대중성을 찾아보기 힘들다는 점이다. 따라서 그들의 노력은 호수에 돌을 던지면 일어나는 작은 파동이나 잔 진동에 지나지 않는다. 그렇다면 목사는 어떻게 새로운 정체성을 세울 수 있을까?

교회는 '맹신지옥'에 빠졌다. 교인들이 처한 현실 모습이다. 맹신지옥이란 목사를 믿고 의지하며 따르다 지옥에 빠졌다는 말이다. 교회를 세습하고 매매하는 데 목사만의 힘으로 가능하다고 교인들은 생각하지 않는다. 그들은 동조자가 있다는 사실을 잘 알고 있다. 그런데도 그들은 침묵하며 교회에 출석한다.

이것에 분노를 참지 못한 이들은 교회를 떠났다. 정작 떠나고 나니 다닐 만한 교회를 찾을 수 없는 현실을 깨닫는다. 교회를 떠도는 모습이 '노마드(nomad)' 같아서, 그들을 '가나안 성도'라 부른다. 자신을 그렇게 부르는 교회를 향해 어처구니없다는 게 떠난 이들의 입장이다. 자신을 희생양 삼아 교회의 문제를 덮으려는 속셈처럼 보이기 때문이다. 교회를 떠난 상처가 아물기도 전, 자신을 희생양으로 삼으려는 2차 가해의 모습이다. 그들은 반성조차 안 하는 교회의 모습에 진저리를 칠 뿐이다. 하지만 그들은 언젠가 교회로 돌아갈 것이라는 사실을 부인하지 않는다. 그래서 오늘도 이 교회 저 교회를 기웃거리는 노마드로 살아간다.

교회에 남아 있는 교인은 바늘방석에 앉아 있다. 자신을 평가하는 소리는 사회에서 차마 듣지 못한 말들로 점철되어 있다. 돈충의 노리개라 하지 않나! 사회에서 뒤처진 이등 시민으로 보지 않나! 그러니 주일 오전 단정히 옷을 입고 나오는 발걸음은 천근만근이다. "다니지 않으면 되지 않느냐?" 하겠으나, 그렇게 할 수 없는 삶의 연륜이 그들에게 고스란히 남아 있다.

지난날 삶의 무게를 버텨내게 한 힘은 '신앙'이었다. 위로를 주었던 목사도 있었고, 함께 의지하며 고난의 행군을 걸었던 신앙의 친구들도 있었다. 그래서 교회를 떠나지 못하고 있다. 교회의 부조리를 몰라서가 아니다. 더는 삶에 도움이 되는 힘이 없다는 것도 잘 알고 있다. 그런데도 그들이 교회를 떠나지 않는 연유에는 그만큼 깊은 애증이 있다. 맹신지옥, 돈충의 노리개, 이등 시민으로 불리는 바늘방석도 감내하는 신앙을 여전히 가지고 있다.

오늘 교회 모습을 보면서 많은 교인이 아파한다. 나 또한 그렇다. 그래서인지 언제부턴가 교회의 잘못된 모습에서 새로운 가능성을 이야기하기 시작하였다. 교회의 부조리를 핀셋으로 집어내기보다 그것이 생기게 된 연유를 찾으려 애썼다. 왜 이타적 사랑을 말하는 교회가 이기적 사랑으로 살아가고 있을까? 타인을 염려하고 공감하는 삶을 살아내기보다 성공이라는 목적 지향적인 삶을 사는 게 신앙이라 말하게 되었을까? 웅장하다 못해 기괴하게 지어진 교회 건물은 어떻게 성공의 아이콘이 되었을까?

그런 물음들에서 찾은 답은 이렇다. 개신교는 개인에게 성공의 도구로 작용하였다는 사실이다. 성공하려면, 잘 살고자 한다면 교회에 가야 한다는 신념이 사회 통념이 되었다는 데 있다. 성공 신화를 자랑하는 무수히 많은 예화가 설교 시간에 울려 퍼질 때마다 성공이 마치 자기 것인 양 교회에 모였다. 실패한 교인을 철저히 배제하는 교회 구조에서 교회로 인해 아파하는 교인의 울부짖음에 귀를 막았다. 남은 자의 부활로 포장된 성공을 믿으며 교회를 지켰다.

그렇게 지킨 교회도 이제 썩은 동아줄임을 더는 못 본 척할 수 없는 상황에 이르렀다. 그것은 코로나 팬데믹으로 잘 드러났다. 비대면 예배라는 하나의 예기치 않은 상황 앞에 교회는 새로운 가능성을 엿볼 기회를 얻게 되었다. 교회와 목사 중심으로 움직이던 교회생활은 개인의 생활신앙에 관심을 가지게 되었고, 일상생활 속에서 가정의 신앙에 의미를 두는 사례들이 생겨나곤 한다.[47] 변화를 향한 보이지 않는 움직임은 오랜 시간에 걸쳐 교회 안에서 일어나고 있었지만, 교회 밖에서 생긴 기폭제로 변화는 확연히 드러난다.

지난 오랫동안 교회가 보여준 트리거 필름(trigger film)[48]은 변화를 거부하는 저항이라면, 변화의 랜딩 기어가 땅에 닿은 후 그것들은 시대에 뒤처진 구닥다리 장식품이 된다. 그 같은 사실을 받아들이지 않으려는 움직임에 몸부림치는 현실이 오늘 교회의 모습이다. 그렇다면 우리는 무엇을 바꾸어야 하는가? 목사의 처지에서 생각의 전환으로 제시하는 다섯 가지는 새로운 가능성을 향한 행진이다.

새로운 가능성을 향한 전환

첫째, 목사는 교회 성장이라는 프레임에서 벗어나야 한다. 하나의 사회적 현상은 오랜 기간에 걸쳐 만들어지며, 그것이 변하고 해체되기까지는 적어도 만들어진 만큼의 시간이 필요하다. 실제로 그 이상 시간이 필요하다. 그것에는 당연히 저항이 따라온다.

교회의 성장이 교착 상태에 봉착되었던 계기는 IMF 사태였다. 국제통화기금으로부터 구제금융을 지원받는 사태는 국가적 위기였을 뿐 아

---

47) 한 가정의 예이다. 고등학생 자녀를 둔 부모는 모태신앙으로 한 주에 2~3일을 교회 다닌다. 코로나 팬데믹으로 주일 오전 가족이 함께 비대면 예배를 시작하였다. 몇 개월 지나 비대면 예배를 시작 전, 가족은 10여 분 정도 모여 함께 대화하는 시간을 가졌다. 자녀는 그것이 좋았는지, 예배 전 차를 마시자는 제안을 하였다. 가족의 티 타임(tea time)은 시작되었다. 티 타임에서 가족마다 한 주 동안 일어난 일들을 나누면서 예배를 준비하였다. 그들은 코로나 덕분에 분주했던 주일 오전의 모습이 아닌 가족과 함께하는 시간을 갖게 되었다. 코로나가 끝나면 다시 과거처럼 돌아가겠지만, 코로나가 그들에게 준 소중한 경험이라 말한다.

48) 초등학교와 중학교에서 상영하며 윤리, 도덕, 안전과 같은 주제를 다루는 사회 교육용 단편 영화를 뜻한다. 여기에서는 교회가 여태 해왔던 설교, 성경공부, 그리고 신앙 훈련 등이 기존의 교회 중심 신앙생활을 지키려는 기제로 사용되는 시스템을 비유한다.

니라 교회적으로는 교회의 토대를 붕괴시키는 사건이 되었다. 그 당시 많은 여성은 가정을 떠나 일용직이나 비정규직으로 내몰리는 현상이 일어났다. 교회가 성장하는 동안 출석의 근간이었던 여성 교인은 교회 출석 대신 가정의 경제적 위기를 해결하기 위해 일을 해야 하는 선택에 직면하였다. 그들이 없는 교회는 점차 시간이 지나면서 교착 상태에 빠지게 되었다.

IMF 사태 후 20년이 지난 오늘, 많은 교회가 겪는 일로 교회 주방에서 사역할 수 있는 젊은 여성 교인이 없다는 고충이다. 또한 사역하는 여성의 고령화도 따른다. 앞으로 주일 점심을 국수가 아닌 떡과 커피로 대신하리라 예상해 본다.

강화로 이사를 하고 봉천교회에 나오기로 한 40대 여성은 주방에서 일하는 걸 당연하게 여겼다고 한다. 그러나 동년배가 많다는 사실에 깜짝 놀랐다. 그는 자기와 같은 고민을 하는 사람들이 있다는 분위기가 교회를 다니는 즐거움이라 말한다. 그의 말을 뒤집어 보면, 젊은 세대가 없는 교회 현실은 그들이 교회를 떠나게 만드는 상황이 되어가고 있다. 교회를 다니고 싶은 젊은 세대라도 고령화된 교회에 적응하기 힘들다는 고충이다.

IMF를 겪을 무렵, 교회는 돌이킬 수 없는 도덕적 해이(moral hazard)를 감행하였다. 바로 세습이다. 여러 대형 교회에서 세습이 이루어졌다. 어느 교회 세습의 경우 사회적 문제가 되었으나 무리 없이 세습은 성사되었다. 세습한 지 벌써 20년이 넘어가면서 교회는 교인 수에서 과거 영광의 시기에 비하면 1/3로 줄었으나, 여전히 대형 교회로서의 영광을 지키고 있다. 세습은 교회만 넘겨주지 않는다. 세습을 위해 목사 자녀의 유학은 당연한 과정이 되면서, 해외에서 태어나서 자란 후손(3세)은 사회에 진출하는 더 좋은 조건을 갖추게 되었다. 교회에서도 부의 대물림이 진행되었을 뿐이다.

교회 근간이 되는 여성 교인의 이탈과 교회의 도덕적 해이는 성장이라는 프레임을 거부하는 상황이 되었다. 2000년이 넘어 성장을 목표로 삼을 수 없는 현실에서, 많은 목사는 '교회 성장은 끝났다'라는 자조적인 독백을 하며 목회의 의욕과 방향성을 잃었다.

또한 그들은 이제까지 알지 못했던 문화적 흐름을 통해 목사의 정체성에 금이 가기 시작하였다. 직장생활을 하는 여성 교인의 처지에서, 목사의 심방은 하루 이틀 부단히 힘들게 만드는 일이었고 사적 생활에 목사의 개입으로 비쳐질 뿐이다. 교인 심방은 단지 집에 방문하는 일만이 아닌, 목사로서 가정을 축복한다는 상징성이 있었는데, 심방 이후 잦아지는 볼멘소리와 심방을 하지 않는 게 좋다는 현실에 부딪히면서, 목사는 변화하는 시대에 뒤처진 자신의 존재감을 확인할 뿐이었다.

위기는 새로운 길을 향해 내딛는 도약판이 되었다. 일부 목사는 성장을 향한 목회를 멈추었다. 어떤 목사들은 정주해 목회를 시작하였고, 또 다른 이들은 작은 목회나 지역 사회와 함께 공존하는 교회를 시작하였다. 그들의 노력은 미비하고 사람들의 눈에는 잘 보이지 않았다. 다른 한편에서는 각자도생(各自圖生)이 목사들에게 목표가 되었다. 살길을 제각기 찾아보자는 데 있다.

그것은 이기적 욕망을 표현하는 도구화이기도 하고, 여전히 성장의 그늘에서 실핏줄 같은 희망을 찾는 어리석음이기도 하였다. 하지만 그 같은 몸부림은 점차 교차점을 만들었다. 그것의 하나는 신앙을 교회 중심이 아닌 일상생활에서 찾으려는 노력으로 이어졌다.

둘째, 목사는 목회하려는 목적을 새롭게 세워야 한다. 무엇 때문에 목회하는지 알지 못하는 목사가 많다. 목사의 일은 복음 전파와 섬김이다. 그는 기독교 복음을 많은 사람에게 알리는 일을 하며, 복음을 믿는 사람을 돌보는 데 살아가는 가치를 둔다.

그 일을 통해서 그는 삶의 의미를 느낀다. 그 일을 위해 자신을 헌신하고 때로는 희생한다. 그런 일들을 하려고 있는 공간이 교회이다. 교회는 사회를 향해 복음을 전파하는 기지이다. 목사는 교회 안에서는 교인을 섬기는 일에 헌신하고, 교회 밖에서는 복음을 전하는 일에 헌신해야 한다. 그런데 언제부턴가 이런 목적은 사라졌다. 그나마 교회 성장이라는 목적이 복음 전파라는 목적을 붙잡아주기도 했었는데, 성장이 끝났다는 현실에 부딪히며 복음 전파와 섬김마저 사라졌다.

비기독교인이나 무종교인이 기독교인으로 개종하기란 하늘의 별 따기보다 어려운 현실에서, 목사는 전도에 관심을 두지 않는다. 교회마다 새로 오는 사람은 개종하려는 사람이 아니라 떠도는 교인이다. 교회와 목사는 그들이 어느 교회에서 상처받은 교인인지 궁금할 뿐이다. 달가운 사람이 아닌 그들, 교회와 목사의 눈에는 문제를 일으킬 수 있는 사람으로 비치는 부담스러운 존재다.

목사의 섬기는 태도는 교회 안에서 점차 사라진다. 교회마다 정착한지 너무 오랜 기간이 되면서, 교인에게 목사는 가족이나 다르지 않다. 교인의 대소사를 너무 잘 알면서 그가 가족인지 남인지 구분을 할 수 없는 현실이 되었다. 목사는 교인 가족의 숱한 일들에 관여하게 되면서 집안의 어른이 되었다. 교인의 처지에서 집안에 일이 생기면 다른 가족이 나 형제자매보다 목사와 상의하는 게 편하다.

목사와 교인의 '이해(利害)'가 맞물리는 현실적 타협인 '거래(去來)'는 교회에서 여러 갈래로 일어나고 있다. 서로 가려운 등을 긁어주는 처지 이다. 그들 관계는 거래에 맞물려 있으면 한없이 좋지만, 이해가 충돌하 면 원수가 되는 사이가 된다. 교인 몇 명과 이해 관계가 맞물린 목사는 교회에서 안정적인 목회를 할 수 있으며, 그들의 필요에 응하기만 해도 별 탈 없이 장기 목회를 할 수 있게 된다.

따라서 섬김과 군림이라는 추에 따라 목사는 좌지우지된다. 그는 자 신을 챙겨주는 교인을 섬기고 그렇지 않은 이에게는 군림하게 된다. 복 음 전파와 섬김이라는 목사의 일을 지켜가지 못할 때, 그는 자신의 정체 성 위기를 겪으며 교회를 소유화한다. 결국 왜 목회하는지, 무엇을 위해 목회해야만 하는지를 알지 못하고, 정체성을 잃어버린 상태에서 교회를 위해 일한다고 말한다.

목사의 정체성을 새롭게 세우려는 이들에게서 새로운 가능성이 보 인다. 그들은 거래에서 목회를 시작하지 않고 '계약(契約)'에서 목회를 시 작하려고 한다. 목사와 교회 사이에 서로 지켜야 할 의무·책임·역할 등 에 대한 약정서가 있어야 한다는 점에서 계약이다.

나는 미국에서 목회를 시작하였다. 백인 교회에서 1년 동안 목회 인 턴을 하였고, 파트타임으로 20여 명 모이는 백인 교회에서 3년 동안 담 임 목회를 하였다. 미국에 머무는 15년 동안 처음 3년을 제외하고 12년 을 중산층 백인 교회 문화에 친숙하게 지냈다.

그런 경험으로, 난 목회를 계약으로 이해하고 있다. 계약은 상호 간에 서로를 향한 신뢰가 바탕에 있어야만 가능하다. 사회의 상식이나 교회 문화와 역사도 계약에 영향을 미친다. 한국 교회는 이해 토대인 거래가 우선하므로 계약이 정착하기까지 시간이 필요하다.

여전히 목사의 희생을 강요하는 현실에서 계약은 목사에게 새로운 족쇄로 보이겠으나, 상호 간의 합의에 따른 제도로 정착한다면 계약은 교회를 향한 새로운 도약의 토대가 된다. 먼 길이라도 그것을 향한 사례를 하나씩 하나씩 모으는 노력이 목사와 평신도 리더, 그리고 교회에 놓여 있다.

셋째, 목사는 사회를 위해 목회한다는 당위성을 가져야 한다. 사회적 합의(societal corporatism)란 사회에 속해 있는 개인이 서로를 신뢰한다는 약속(合意)으로, 발생하는 여러 문제를 해결하겠다는 태도다. 사회에 속한 모든 사람은 사회적 합의에 따라 의식이든 무의식이든 행동하며 살아간다.

조직도 개인과 동등한 지위에서 사회적 합의에 따라 활동한다. 개인이든 조직이든 사회가 필요로 하는 기능과 역할을 하도록 애쓴다. 동전에 양면이 있듯, 그들은 사회 안에서 순기능과 역기능을 반복하면서 그들에게 이득이 되는 방향으로 사회적 합의를 만들어간다. 사회적 합의의 길이만큼 비례하여 기득권의 힘으로 작용한다.

국민학교, 중학교를 거쳐 고등학교까지 12년이라는 기간 동안 나를 가르친 교육 이념은 '국민교육헌장'이었다. 아마 국민학교 저학년 무렵 강제적으로 암기했다고 기억한다. 지금도 나는 "우리는 민족중흥의 역사적 사명을 띠고 이 땅에 태어났다"라는 첫 구절을 암기한다. 자그마치

50년이 되었음에도 외우기를 싫어하는 내 성격에 암기하다니 놀랄 일이지만, 그만큼 외우지 않으면 안 되는 상황이었음을 유추한다.

하지만 나에게 살아가는 동기는 국민교육헌장이 아니라 '성공을 향한 욕망'이었다. 당연히 고등학교를 졸업하는 무렵, 현실적 목표는 서울에 있는 대학이었다. 그것이 신학대학이었고 목사가 되는 것이었을 뿐, 성공을 향한 욕망은 다른 사람과 다르지 않았다. 내가 원하는 것을 가지려는 욕망을 신앙의 이름으로 포장하려는 노력이 헛된 욕망인 것을 40세가 넘어 '무엇 때문에 목사가 되고자 했는가?'라는 물음에서 깨닫게 되었다. 종교적 심성이 남다른 나로서는 다른 직업보다 목사로 사는 것이 성공을 향해 나아가기 수월한 길이었다는 사실을 깨달았다. 그래서 목사가 되었다.

목사가 되려는 동안, 나는 '사회 안에 있는 교회'라는 사회적 합의를 가지지 못했다. 신학대학과 대학원 시절 누구도 사회 안에 있는 교회를 위해 목회한다는 당위성을 가르치지 않았다. 그들은 늘 '사회 위에 있는 교회'라는 신앙관을 가르쳤다. '언덕 위에 있는 교회가 세상에 빛과 소금이 되어야 한다'라고 말하였다. 사회는 교회가 비추는 광영 아래 있어야 하며, 교회는 사회를 '교화'해야 한다는 말이기도 했다.

따라서 '사회 밖(위)에 있는 교회'를 배웠다. 그런데 살아서는 교회에 가고 죽어서는 교회 옆 묘지에 묻히는 삶을 산다는 미국 사회에서 잠깐 목사로 활동하면서 '사회 안에 있는 교회'를 보았다. 언덕 위에 있는 교회가 아니라 사회 안에 있는 교회는 나에게 충격이었다. 교인이 떠나면 교회도 사라진다는 사실에 더 큰 충격을 받았다. 개체 교회는 영원하지 않고 영원한 개체 교회는 세상에 없다는 사실을 깨달았다. 사회 위에 있는 교회나 사회 밖에 있는 교회는 세상에 없다는 게 사실이었다.

교육을 받는 내내 개인의 성공을 위해 무엇을 해야 하는지를 배웠다. 그래서 열심히 공부했다. 신학대학도 다르지 않았다. 성공한 목사가 되는 게 교육의 목적이었고, 성공하고자 유학을 갔고 목사가 되었다. 하지만 학창 시절 내내 꿈꾸었던 '언덕 위에 있는 교회'는 없어졌으며, 나에게는 이제 '사회 안에 있는 교회'만 있을 뿐이다.

대학과 대학원에서 4년간 강의하면서, 학생들에게 사회 안에 있는 교회가 무엇을 해야 하는지를 가르쳤다. 그런 수업 내용이 그들에게는 '반(反)교회적' 그리고 '탈(脫)교회적'이 될 수 있다는 것에 당혹스러웠겠다고 반추한다. 파트타임 부목사로 사역하면서 사회 안에 있는 교회는 나의 설교 주제였다. 설교 내용이 다양하고 풍성하고 알찼지만, 교인에게서 오는 반응은 무덤덤하였다. 모르는 성경 본문도 아니고 익숙한 자료로 설교하였지만, 그들은 무슨 말인지 의아해하며 당혹스러워하는 눈치였다.

반면 봉천교회에서는 한 달에 한 번 설교하지만, 교인들이 훨씬 익숙하게 받아들였다. 담임목사와 설교 스타일이나 자주 사용하는 단어가 전혀 달랐지만, 그들이 나의 설교에 대해 거부감 없이 쉽게 수용하는 것을 느낄 수 있었다. 무슨 차이일까? 차이는 '사회 위에 있는 교회'와 '사회 안에 있는 교회'에 있다. 강의실과 교회에서, 사회 위에 있는 교회라는 관점이 주제였다면, 봉천교회는 그렇지 않았다. 그곳에서는 '사회 안에 있는 교회'에서 삶이 토대가 된 신앙이 중심이었다. 그곳에서는 교회가 중심에 있지 않았고, 교인의 일상에서 교회의 역할을 강조한다.

교회는 가정과 일터, 교회라는 세 축의 하나일 뿐이다. 세 축의 중심에는 교회가 아닌 '사람'이 있다. 그들은 사회 안에 있는 교회에 다니는 교인이다. 그렇다고 그들이 다니는 교회가 '사회 안에 있는 교회'라는 사회적 합의라는 토대에 근거한 개념까지 이르지는 못한다. 지금은 합의에 근거한 당위성을 가진 교회로 나아가는 과정이라 볼 수 있다.

많은 목사가 목회의 장에서 힘겨워하는 이유는 바로 '사회 위에 있는 교회'라는 신앙관에 있다. 그들은 언덕 위에 선 교회에서 세상을 교화해야 한다는 자가당착적 한계를 겪고 있다. 모순은 그들이 받아온 교육에서 비롯되었고, 그들은 사회 안에 있는 교회를 경험하면서 그동안 받았던 교육을 버려야 하는 도전에 서 있다. 교회 중심적 태도가 상실되는 상황에서 흔들리는 터전을 지키려는 그들의 열정은 오히려 사회로부터 저항을 받는다. 하지만 과거의 위기가 새로운 위기로 이어지는 현실에서, 새로운 가능성은 사회적 합의라는 당위성에서 '사회 안에 있는 교회'를 세워나가는 여정이 목사들에게 놓여 있다.

넷째, 목사는 하나님께서 주신 달란트대로 목회한다. 한국 교회에서 목사가 되는 과정은 교단마다 차이가 있으나, 일반적으로 신학 교육을 받고 목사 고시 과정을 거치면서 작은 교회에서 목회를 시작한다. 작은 교회 대신 개척하는 이도 있다. 그 다음 조금 더 규모가 있는 교회로 옮기거나 아니면 대형 교회 부목사로 옮겨간다. 서너 차례 교회를 옮기고 나서 은퇴하게 된다.

예외적인 사례도 있다. 개척한 교회에서 은퇴하는 경우이다. 이 경우 교회 규모의 차이가 날 뿐이다. 이런 공식을 깨어버린 사례가 바로 세습이다. 세습은 교회에서 이미 하나의 관행이 되어버렸다. 이것이 문제로 가시화된 시기는 2000년 전후이다. 그 무렵 여러 대형 교회에서 세습이 일어났다. 사회 문제가 되었고, 20년이 지났으나 여전히 일어나고 있다. 대형 교회만 아니라 중형 교회도 세습이 행해지고 있다. 또한 세습한 이들이 교단 권력의 중심에 서는 일도 흔해졌다. 그들이 돈·권력·명예를 다 가진 모습을 쉽게 볼 수 있다. 세습 반대를 법제화한 교단이 있으나 변형된 세습을 막지 못한다.

은퇴를 앞둔 목사에게 은퇴자금을 주고 교회를 양도받는 일도 흔해졌다. 대형 교회에서 다년간 부목사직을 했던 목사에게 주는 퇴직금을 교회 개척 비용으로 주곤 하였으나, 경우에 따라 은퇴를 앞둔 목사의 은퇴자금으로 대치한다. 그 외의 다른 형태로 은퇴자금을 주어 교회를 옮겨가는 사례들도 빈번하다. 은퇴자금을 부담해야 하는 교회 처지에서는 손 안 대고 코 푸는 모양새라 교인은 눈을 지그시 감아버린다.

내가 아는 사례로, 담임한 지 5년이 된 목사에게 새로 부임하는 목사가 가져온 상당한 액수의 돈을 은퇴자금으로 주는 조건으로 은퇴시킨 예도 있다. 그 외 다양한 형태로 교회에서 은퇴자금과 관련된 불미스러운 일들이 일어나고 있다. 은퇴 목사가 과도한 돈을 요구하면서 불편한 일들도 일어난다. 이것을 교회 매매라 부른다.

세습과 매매는 현재 교회가 풀어야 할 숙제이다. 목사와 관련된 도덕적 무감각(moral hebetude)[49]의 모습이기도 하다. 그런 일탈을 볼 때마

---

[49]   이것에 대해 바우만(Zigmunt Bauman)과 돈스키스(Leonidas Donskis)가 쓴 『도덕적 불감증』(Moral Blindness: The Loss of Sensitivity in Liquid Modernity) (책읽는수요일, 2013)을 읽어보기를 바란다. 한국 사회 안에서 기득권 세력만이 아니라 일반 시민에게서도 자연스럽게 행동하는 도덕적 불감증을 이해하는 데 도움이 되리라 본다.

다 기억되는 이야기가 있다. 신학교에 입학했을 때 한 선배가 말해주었다. 꿈에 천국 간 목사는 많은 사람이 뛰어가는 상황을 보면서 한 사람을 붙잡고 무슨 일이 일어났는지를 물었더니, 목사가 천국에 왔다고 말한다. 천국에 목사가 오는 게 당연한 일이지 않냐고 반문하자 의아한 표정으로 목사가 처음 왔다는 답을 듣고 잠에서 깼다는 이야기이다. 이 말을 듣는 순간 "어떻게 목사를 비하하는 이야기를 지어냈을까?" 하는 충격에 빠졌다. 그로부터 들은 우스갯소리가 지난 30년 넘게 허튼 말이 아니라는 사실을 자주 겪는다.

1990년 대 들어서면서 교회는 드러나지 않는 변화를 마주하였다. 교회는 성장의 정점에 다다랐다는 사실을 감지하지 못했다. 워낙 잘 되던 시절이기에 누구도 성장의 정체를 감지하지 못하였다. 교회는 기고만장했다. 끓여 놓은 물을 다시 덥히는 모양새이기에 어디에나 교회를 개척하면 사람들이 모였다. 그 와중 일부 교회에서 정체의 소리를 내기 시작하였다. 수도권이나 대도시에서 도시재개발의 큰 그림이 확정되었고, 자가용이 확산하면서 교인들은 이사하더라도 교회를 옮기지 않았다. 교인들은 출퇴근 시간과 비슷한 거리이거나 시간이면 교회를 옮기지 않고 멀리서 다녔다. 대중교통의 발달과 확산은 장거리 교인을 생산하였다.

산아 제한 정책이 교회학교를 위협하고, 나아가 청소년을 넘어 젊은 세대로 이어지는 도미노 현상을 교회는 간과하였다. IMF 사태는 여성 교인이 교회를 떠나 여선교회만 아니라 교회 근간이 위태롭게 된다는 귀결에 교회는 눈을 감았다.

여기저기 위험이 감지됨에도 교회는 성장의 정점에 다다르면, 종교의 건물은 화려해진다는 독배를 마다하지 않고 마셨다. 교회는 은행에서 돈을 빌려 건축의 붐을 일으켰다. 교회 건물의 건축은 목사의 능력을 상징하였다. 그것은 목사의 자랑거리였고, 목사에게 부를 축적하는 방편이었다.

교회는 그렇게 30년을 보냈다. 지난 30년을 하나의 물건으로 비유하자면 '깔때기(funnel)'다. 입구가 점차 좁아지는 관을 통과해야 꽂아 놓은 곳으로 들어가는 기구이다. 쉽게 말하면, 교회는 지난 30년 동안 살아남으려 무엇이든 다 했다고 해도 틀리지 않는다. 겉으로 화려한 건물을 갖고 있으나 소문난 잔치에 먹을 게 없다는 속담이 현재 교회 모습이다.

그러는 동안 살고자 애쓴 노력이 세습이고 매매이다. 그것을 택한 이유가 뭔가 새로운 희망을 품어내는 게 아니라 쉬운 길이고 안전하게 보였기 때문이다. 현 상태를 유지하려는 마지막 찬스이다. 유지하지 못하면 사라진다는 절박함에서 시작하였다.

세습한 교회를 자세히 들여다보면 엄청나게 허우적거리고 있다. 조직을 유지하려니 상당한 비용이 필요하다. 당연히 주위에 있는 다른 교회 교인들을 수평 이동시켜야 조직을 유지할 수 있는데, 이동도 이젠 한계에 다다른 것 같다.

세습한 많은 교회는 그 형국에 놓여 있다. 세습한 교회일수록 변화보다 유지를 강조하는 '관리형 리더십'을 중요하게 여겼다. 변한 것은 주보에 찍힌 담임목사의 이름뿐이지, 얼굴도 비슷하고 목소리나 제스처, 설교 내용도 별반 다르지 않다. 개중에 극히 적은 수의 교회들이 변화를 시도하는 긍정적인 면도 있으나 태생적 한계에서 벗어나지 않는 한 고인물은 썩을 뿐이다.

교회 매매도 세습과 대동소이하다. 그것이 고육책일지라도 목사나 교인 모두에게 도덕적 수치심이 남는다. 아무리 도덕 불감증이 단단해졌다고 하더라도 목사의 끗발은 정당성에서 비롯한다. 이미 매매가 목사를 교체하는 관행이 되었다는 현재 상황을 변명거리로 말하려 하나, 떳떳하지 못하다 보니 목사나 교인 모두 침묵한다.

신실한 많은 목사는 교회의 구조적 부조리 앞에 박탈감을 겪는다. 그런데도 부조리에 동화되지 않으며 신앙의 순수성을 지키려 애쓴다. 그 같은 구조에 휩쓸릴 수 있다는 현실을 부인하지 않으며, 편승하고픈 욕망이 있다는 사실도 인정한다. 하지만 그들은 교회 규모로 위로받으려 하지 않고, 구체적 대안을 찾으려 부단히 힘쓴다.

'사회 안에 있는 교회'라는 신앙관은 물질적 가치가 부질없고 헛되고 헛되다는 초(超)가치화(transvaluation)에서 벗어나 부조리한 교회의 구조적 모순을 극복하려고 애쓰게 된다. 그들은 세상적 가치에 의미를 부여하지 않는 탈(脫)가치화(devaluation)로 인한 교회의 모순된 가치관에서 벗어나 사회 안에 있는 교회를 세우려고 애쓴다. 그런 사례의 하나로 이 책은 봉천교회를 소개한다.

끝으로, 목사는 반문화운동(counterculture movement)에서 목회의 새로운 가능성을 찾아야 한다. 교회(Church)[50]는 영원히 없어지지 않는다. 기독교 역사를 보면 많은 교회(churches)가 세워졌고 사라졌다. 한국 교회도 기독교 역사처럼 교회의 성쇠에 따르지만, 교회(Church)는 한국 사회

---

50)   기독교 역사에서 말하는 교회를 일반 개체 교회와 구분하고자 영어 Church의 앞 글자 C를 대문자로, 그렇지 않은 개체 교회는 소문자로 구분한다. 따라서 책에 나오는 교회는 대체로 개체 교회(church)를 뜻한다.

안에 영원히 남으며 단지 양적 차이일 뿐이다. 권력은 십 년을 가지 못하고 꽃은 열흘을 붉지 못한다는 말은 개체 교회(church)에 해당한다. 수백 억을 들여 지은 교회도 사람이 없으면 문을 닫아야 하고, 사람이 들락날락하는 임대 교회는 생명력을 가진 교회로 남는다.

교회는 건물이 있고 없는데 연연하지 않는다. 조금 다르게 표현하면, 형식은 내용에 따라 변한다. 교회라는 형식은 달라지는 내용에 따라 천천히 변한다. 내용이 없어도 형식은 있으나, 형식이 없으면 내용도 없다. 교인 없는 교회는 있어도 교회 없는 교인이 있을 수 없다. 교회가 사회에서 비난덩어리가 되었을지언정, 우리(개신교인)는 구박덩어리 교회(Church)에 희망을 품으며 다시 시작해야 한다. 내용보다 형식에서 출발해야 한다.

우리는 목사답게 혹은 장로답게, 권사답게, 집사답게 형식에 걸맞은 신앙생활을 해야 한다고 믿었다. 신앙의 열정이나 순수함이라는 내용보다 형식(직분)에 걸맞은 행동을 해야 한다는 통념을 더 중요시하였다.

봉천 교인들을 인터뷰하면서 "여러분 교회 목사님은 주중에는 청바지 입고 다니고 주일 설교에서도 흰 와이셔츠를 입지 않잖아요, 목사 맞아요?"라고 짓궂은 질문을 했다.[51] 은연중 형식에 점철된 문화가 우리 의식을 지배하는 질문이었다. 봉천교회를 방문하는 이들 중에는 목사다운 옷차림이 아닌 담임목사의 모습에 당혹스러워한다는 말을 들었다.

---

51) 2021년 초, 은퇴하신 목사님께서 흰 와이셔츠를 선물해 주시면서 '설교할 때' 입으라 하셨다. 그분에게 흰색은 어떤 상징적 의미가 있기에 설교할 때 흰 와이셔츠를 입으라 하셨을까? 내가 가진 양복은 대개 navy blue인지라 흰 와이셔츠보다 하늘색 와이셔츠를 즐겨 입는다. 정장이 아닌 콤비 스타일도 감청색 자켓을 입고 설교할 때가 많다. 난 형식에 걸맞은 목사가 아닌 게 맞다.

과거보다 여러 면에서 형식을 벗어났지만, 우리는 여전히 그것에 걸맞은 문화 속에 살아간다. 형식에 갇힌 교회생활에서 벗어나 신앙의 순수성과 열정이라는 내용으로 가꾼 형식(교회)을 만들 수 없을까?

이구동성으로 교회에 희망이 없다고 말한다. 여기에서 교회는 개체교회를 뜻하고 목사들도 그 같은 말을 한다. 그런 말을 할 때, 목사들은 교회의 세습이나 매매 그리고 쇠퇴와 필요성에 대안을 찾지 못한 상태에서, 새로운 가능성을 열지 못해 무력감에 빠진다. 그런 상태에서 그들은 교회엔 더는 희망이 없다고 말을 한다.

하지만 목사들은 늘 두 갈래 길을 걸어왔다. 세상의 가치에 순응하는 길과 그렇지 않은 길이다. 많은 목사가 세상의 가치에 순응하는 목회를 추구한다면, 일부 소수 목사만이 그것과 다른 가치를 주장한다. 그것을 교회와 종파로 구분하기도 하나, 교회 안에서도 두 갈래 길은 늘 공존한다.

'사회 안에 있는 교회'의 가치를 추구하는 목사는 기존 교회보다 교회를 개척하거나 혹은 교회를 갱신하면서 그들의 가치를 신앙 체계로 세웠다. 교회의 성장이나 성공한 목사에 목적을 두지 않더라도 열심히 목회하는 삶을 제시하면서, 변화되는 사회 안에 교회의 정당성을 세우고 있다. 사회 밖에 있는 교회의 부조화 그리고 의미 있는 가치체계가 해체된 윤리적 한계로 인해 희망을 상실한 교회로부터, 그들이 겪는 정신적 박탈감이나 윤리적 박탈감에 매몰되지 않는다. 기성 교회와 다른 신앙 체계를 사람들에게 제시하며 그들만의 교회를 세워 간다. 그들은 교회를 새롭게 세우는 희망을 향해 작은 불씨를 피우고 있다. 봉천교회도 그런 한 사례이다.

그런 목사일수록 특징이 있는데, 그들은 교회의 사회적 역할을 강조한다. 사회 위에 있는 교회가 세상을 교화한다는 신앙관을 주장하지 않는다. 교회가 세상을 섬겨야 한다고 말한다. 나의 평가지만, 그 말에는 '사회 안에 있는 교회'라는 관점이 미비하나 사회 위에 있는 교회와는 다르게 진일보한 모습이다.

사회 안에 있는 교회를 주장하는 그들의 모습에서 가장 으뜸은 '가정 회복'이다. 한국 사회에서 산업구조의 변화, 지역 사회의 개발, 인구학적 변동 등과 같은 다양한 이유로 가정은 이미 해체되었다.

산아 제한 정책으로 줄어든 가족 구성원에서 전통적 가족의 형태가 사라졌다. 예를 들어, 1970년대 태어난 세대의 자녀에게 '이모'는 혈연이 아닌 엄마의 친구를 부르는 호칭이 되었다. 또한 가파르게 높아진 이혼율로 인하여 가정에서 부모의 역할을 학습하지 못한 이들은 결혼하면서 달라진 부모의 역할로 고충을 겪고 있다.

부부의 역할이 새로워진 현실에서 위기를 겪는 부부 또한 많아지고 있다. 봉천교회 교인을 보면, 그 같은 위기를 교회 안에서 극복한다는 특징을 보여준다. 봉천에서 부부 관계가 회복되거나 자녀 관계가 건강해지는 모습을 볼 수 있다. 그런 교회를 섬기는 목사일수록 권위적이지 않다. 형식이라는 측면에서 보면 목사답지 않다.

봉천교회에서 인터뷰를 한 여성은 조금 전까지 강단에서 설교하던 목사가 앞치마를 두르고 설거지하는 모습에 충격을 받았다고 한다. 설교를 끝낸 목사에게 또 다른 일을 한다는 건 힘든 일이나, 그런 무모함[52]을 마다하지 않는다. 탈권위의 모습을 생활화한 목사는 자신의 리더십보다 평신도 리더십을 강화한다. 봉천교회 기획위원회에서 회의는 평신도가 주관하며 목사는 그저 한 표를 행사할 뿐이다.

앞으로 한동안 일부 소수 교회에서 일어나는 반문화 형태의 목회가 새로운 부흥 혹은 '재흥(resurgence)'의 불씨를 놓으리라 조심스럽게 예측해 본다. 불씨는 보이지 않는 곳에서 아주 미비하게 피어난다. 하나의 불씨가 2개가 되면 4개, 8개가 되면서 작은 불씨는 형식이라는 넘사벽(넘을 수 없는 4차원의 벽)도 넘는다. 그런 사람을 '창조적 소수'라 한다면, 새로운 형식을 만들어 낼 수 있지 않겠는가.

창조적 소수는 성경에 나오는 인물이나 역사의 위인으로만 남아 있지 않다. 21세기를 살아가는 교회에서도 일어나고 있다. 역사를 주관하시는 하나님의 사람으로 살아가려는 이들의 앞에 놓인 작은 불씨를 피우는 사람은, 창조적 소수로 교회의 새로운 가능성을 염원한다. 내용을 담은 형식은 교회의 가능성을 향한 토대가 된다. 하지만 내용이 없어도 형식만 있으면 된다고 주장할 때 형식은 사람을 통제하는 수단이 된다. 즉 내용 없는 형식은 사람 없는 교회로 이어갈 뿐이다.

앞으로 30년을 향한 마음가짐

우리는 성장의 끝에서 교회의 '재흥'도 바라보기 난감한 현실을 살아

---

52) '수고함'의 정확한 표현이나 '무모함'이라 표현한 사연은 탈권위의 목사가 누군가(교인이나 다른 교회 목사)에게는 불편함을 유발하기 때문이다. 극성맞고 나대는 권위적인 목사 모습과의 비교우위라는 판단에서 탈권위 행동은 누군가에게 배제의 기제로 확장한다. 그들의 처지에서 설교 후 설거지와 같은 행동은 무모하게 보일 뿐이다.

가고 있다. 교회마다 비기독교인을 향한 신앙 프로그램을 찾을 수 없는 상황은 양적인 교착 상태보다 더 큰 위기이다. 신앙 교육 부재에서 오는 목회의 무력감과 목회 철학의 빈곤은 사회 변동에 대해 불감증이 걸린 교회를 만들고 있을 뿐이다. 이런 교회의 모습은 적어도 30년 동안 겪을 시련의 이유이다. 그렇다면 우리는 다음 물음 앞에 서 있다.

우리는 어떻게 살아야 하는가?

우리는 어떻게 신앙을 세워야 하는가?

우리는 교회를 향해 무엇을 해야 하는가?

이제 마무리하는 단계에서, 나는 앞으로 30년을 살아갈 우리 기독교인의 마음가짐을 제안한다. 더는 '성장 시대의 교인'이 아니라는 마음가짐이어야 한다. 지난 반세기가 넘도록 한국 교회는 '이전보다 나은(better than before)'이라는 목적 지향으로 살아왔다. 과거보다 현재가 '보다 좋은', 현재보다 미래가 '보다 나으리라'는 기대를 품고 살았다. 그 같은 기제를 더는 교회에서 찾을 수 없다.

앞으로 교회는 '가 보지 않은 길'을 가야 한다. 예상할 수 없을 만큼 척박한 고난의 행군이다. 누구도 걷지 않은 길이라 모든 교회는 함께 출발선에 서 있다. 우리 교회는 큰 교회라서, 세습한 교회라서 출발선보다 훨씬 앞에서 출발한다? 작은 교회이니 출발선보다 뒤에서 출발한다? 성장을 모방하던 시절에는 큰 교회의 자본이 남들보다 앞에 설 수 있는 조건이었다. 그러나 나는 "10명 모이는 교회의 목사나 1만 명 모이는 교회의 목사나 하나님 앞에서는 목사일 뿐"이라고 말한다. 1만 명 모이는 교회의 목사라도 천국행은 당연하지 않다는 말이다.

작은 교회나 큰 교회나 고난의 행군을 걸어야 하는 처지는 마찬가지다. 교회마다 짊어져야 하는 짐만 다를 뿐이다. 그러나 교회마다 주어진 복음 전파의 몫은 다르지 않다. 그 몫을 짊어질 수 있느냐 하는 마음가짐이다. 교회는 그것에 집중해야 한다. 그것을 외면한다면 우리가 속한 교회를 교회라 주장할 수 있을까?

두 번째, 교회에 갇혀서는 안 된다는 마음가짐이어야 한다. 하나님을 섬기는 '교회(Church)'는 영원하지만, 우리가 속한 '교회(church)'는 영원하지 않다. 교회가 세워지고 사라지는 상황은 누구에게는 무엇으로도 치유될 수 없는 상실감을 가져다준다.

미국에 있을 때 나는 은퇴한 목사가 자신이 섬겼던 교회의 폐쇄를 보며 눈물을 흘리는 모습을 보았다. 우리도 겪어야 하겠으나 교회의 소멸에 연연하지 말자. 교회 사명이 무엇인지, 달라진 현실에서 새롭게 세워야 한다. 그것이 섬김이다.

교회는 교인을 돌보며 지역 사회를 섬겨야 한다.[53] 교회 사명보다 다른 목적을 위해 교회의 존재 이유를 찾는다면, 그것은 관료주의화한 교회 모습일 뿐이다. 관료화된 교회는 경쟁 없는 독점이므로 교회가 망하기 전에는 절대로 사라지지 않는다. 하나님 없이 하나님을 위해 존재하는 ○○교회라는 조직이다. 섬김 없이 군림하는 교회는 교회가 아니다.

세 번째, 우리는 새로운 모델(개체 교회를 대표하는 신앙 프로그램) 하나만 만들어 보자는 마음가짐이어야 한다. 우리에게 필요한 도덕적 원리나

---

53)　　교회는 지역 사회를 지키는 '영적 보루(堡壘)'이다. 보루란 적의 침입을 막으려 돌이나 흙으로 쌓은 구축물을 뜻한다. 교회가 영적 보루라는 주장은 '교회가 지역 사회를 영적으로 지켜야 한다'라는 의미이다.

신앙 프로그램으로 남의 것을 모방하던 시대는 끝났다. 남들처럼 하면 된다는 생각을 버려야 한다. 우리만의 모델을 만드는 시대를 살아야 한다. 그래서 가 보지 않은 길을 걸어야 한다.

새롭게 만들어야 하는 두려움은 누구에게나 언제나 있었다. 우리만의 두려움이 아니다. 과거를 공부하는 노력은 참고일 뿐이다. 처음부터 완벽하게 새로운 것을 만든다는 생각은 오만이다. 헤아릴 수 없을 만큼 실패해야 하고, 실패해도 의미가 있다. 실패를 통해 모델 하나를 만들 수 있다. 과거 기준을 고집한다면 하나도 만들어 낼 수 없을 것이다. 과거의 모습이나 과거의 영광에서 벗어나지 않을 때 우리는 새로운 시대에 펼쳐질 하나님의 음성을 듣지 못한다.

네 번째, 우리는 하나님의 일을 하는 사람으로서 당당한 마음가짐이어야 한다. 나락에 떨어져도 바닥이 있는 것처럼, 더 추락해도 '뭐 어때!'라는 뻔뻔함도 있어야 한다. 떨어진 상태에서 헤매지 말고 이제 올라가는 일에 마음을 품자. 이것을 근자감(근거 없는 자신감)이라 헐뜯겠는가?

남들이 다 달라진다고 하니 우리도 달라져야 한다면, 달라지지 않는 게 더 좋을 것이다. '왜 달라져야 하는데?' 하고 물어 보자. 이 책은 교회가 달라지고 회복하는 모습을 소개하였다. '바뀐 게 좋으니 우리도 저 교회 같이 하면 되겠네'라고 한다면, 나는 아니라고 말한다. 모방하지 말라는 뜻이다.

봉천교회 모델을 통해서 우리 교회는 '왜?'라고 물어야 하고 '어떻게' 달라져야 하는지 방법을 찾아가는데 이 책의 목적이 있다. 달라져야 하는 이유를 여러분 안에서 찾아야 한다. 이유를 찾으면 당연히 달라져야 하지만, 찾지 못한다면 여러분은 현재의 것들을 지켜 가야 한다.

끝으로 우리에게 희망이 있다는 마음가짐이어야 한다. 우리 스스로 무엇을 할 수 있으니 희망이 있다고 하는가? 아니다. 하나님께서 함께 하시니 희망이 있다. 성장이 끝났으니 교회는 망하게 된다? 그것은 하나님 없는 생각이다. 우리에게 종교가 있어야 하는 이유는 무엇인지를 생각해 보라. 이유를 발견한다면, 교회는 그것을 위해 일하는 곳이어야 한다. 성장이 아니어도 된다. 재흥이 아니면 뭐 어떤가! 교인 1만 명 모이는 교회만 교회인가?

10명 모이는 곳에도 하나님께서 함께하신다. 성장의 때가 있으면 쇠퇴의 때도 있다. 내려가는 기간을 지나면 올라가는 시간이 기다린다. 인간이 살아가는 사회 안에서 종교가 없었던 때는 없었다. 우리가 살아갈 시대에도 당연히 존재한다. 그 종교가 우리가 믿는 종교인지 아닌지는 우리의 몫이다. 종교를 필요로 하는 사람들이 교회로 모이게 하는 일은 우리의 사명이다. 그것을 하나의 모델로 만드는 일도 우리가 해야 하는 몫이자 사명이다.

그렇다면 이렇게 외쳐 보자. "더는 남의 도덕적 원리나 남의 신앙 프로그램을 모방하지 말자. 새로운 것 하나를 만들다 실패해도 괜찮아. 우리가 믿는다면 다른 사람도 믿을 수 있잖아! 우리가 믿는 것을 안다면, 내일을 향한 하나님의 음성을 들을 수 있어."

봉천교회를 소개한 이유는 무엇인지를 생각해 보자. 봉천은 복음을 전하려는 목적으로 세워지지 않았다. 남하한 월남인을 교화하려는 목적으로 세워졌다. 다섯 차례나 교회가 갈라졌고, 늘 싸우는 교회로 소문났다. 그랬던 교회가 앞으로 50년 넘게 살아남을 힘을 가지게 되었다. "대체 이게 뭐지?" 하는 물음을 가지면서 이 책을 썼다. 봉천 교인들은 지금도 천 가지, 만 가지 성경을 아는 지식보다, 생활에서 하나님께서 기뻐하시는 하나만을 바꾸면 된다는 마음가짐으로 살아간다. 그것이 생활신앙이다.

우리도 그들과 다르지 않는 마음가짐으로 살아가고 있다는 사실을 잘 알고 있다. 또한 하나님께서 기뻐하시는 일, 하나를 세우려 아등바등하는 모습에서 변화를 시작하기를 바란다. 그렇게 애쓰는 간절한 마음가짐에서 들리는 하나님의 음성, 그것은 교회의 미래이자 희망이다.

새로운 시도에
서서

이 책은 신앙 서적이 아니다. 그렇다고 학술 서적도 아니다. 둘 중 어느 지점에 있는데, 후자에 가까운 책이다. 개체 교회에 관한 책들은 대체로 두 종류가 있다. 개체 교회의 역사를 다루는 책이거나 아니면 해외 유명한 교회에 관해 번역서이다. 이 책은 두 종류에서도 벗어나 있다. 그러므로 이 책을 읽으면서 '낯설다'라는 느낌이 들 수 있다.

이 책은 신학 교육을 받은 이들이거나, 목회 현장에서 사역하는 교역자, 그리고 교회에 관심이 많은 평신도 리더들이 독자라고 여겨진다. 그들은 이미 친숙한 신학의 이해와 관점에서 이 책을 읽으리라.

나는 신학 교육을 받은 저자로서 종교사회학, 미시사회학, 심리학 그리고 교회학을 토대로 이 책을 썼다. 이것은 교회에 관한 이해를 확장하는 계기가 되기도 하고, 받아들이기까지 시간이 필요한 내용도 있을 것이다. 예를 들면, '우리가 믿는 하나님 이미지'를 읽으면서 "나도 이런,

하나님 이미지를 갖고 있어"라고 공감하면서, 이것을 신학적인 개념으로 받아들이려 한다면 낯설게 느낄 수 있다. '신학적으로' 이해하는 데 익숙해서 그렇다. 신학에서 다소 거리를 두고, 공감하는 차원에서 이해하면 편하다.

이 책의 학문적 토대가 된 종교사회학과 미시사회학, 심리학, 교회학 또한 낯설 수 있다. 심리학 외 익숙하지 않은 분야일 수 있을 것이다. 그런데 "그것들을 가지고 교회를 분석하려들다니" 하는 마음이 생겼다면, 새로운 읽을거리를 생산하지 못한 학자들의 책임이라 여겨진다.

한국에서 종교사회학과 미시사회학이야 오랜 기간 여러 학자의 노력으로 학문의 터를 놓고 있다. 그러나 미시사회학자인 고프만(Erving Goffman)이나 콜린스(Randall Collins)의 이론들을 가지고 교회를 분석한 책은 아마 한국에서는 처음이라 여겨진다. 따라서 이 책은 학문적으로 새로운 시도이므로 낯설 수밖에 없다.

더불어 교회학은 생소하다. 해외에서 이것을 Congregational Study라 한다. 저자는 이것을 '교회학'이라 번역한다. Congregational Study를 사전적 의미로 직역하면 '회중학'이다. 회중학이라 말하면, 회중이라는 단어부터 어색하다. congregation이라는 의미는 특정 공간에 모인 사람들인데, 교회만 뜻하지 않는다. 따라서 교회학으로 번역하면 '교회라는 공간과 그 안에서 활동하는 교인에 관한 학문'으로 정의할 수 있다.

이런 정의에는 한 가지 문제가 생긴다. 교회학으로 번역된 ecclesiology가 이미 있기 때문이다. ecclesiology는 조직신학에서 사용한다는 점에서 congregational study와는 차원이 다르다. 후자를 '교회학'으로 번역하면 혼돈이 있으나, 두 영역이 다르다는 점에서 교회학으로 번역하고자 한다. 또한 후자는 전자도 포함한다는 점에서 다른 이름보다 교회학으로 번역하는 게 좋을 듯하다.

미국과 유럽에서 Congregational Study에 공헌한 학자들을 보면, 종교사회학 전공자와 오랜 목회를 거친 목회자가 대다수이다. 그들의 협업으로 하나의 학문 영역으로 성장하였다. 따라서 간단하게 정리하면, 교회학은 실천신학의 한 영역으로 두어야 하지 않을까? 그런 차원에서 실천신학의 한 분야로서 교회학으로 번역하는 게 타당하다.

이 책은 한국 교회에서 새로운 시도이다. 신학이 아닌 다른 학문을 토대로 만들어졌다는 점에서 그리고 실천신학을 확장한다는 점에서 그렇다. 새로운 시도는 교회와 독자에게 받아들여지거나 사라지게 되는 경계에 놓여 있다.

저자는 그것을 통해 한국 교회를 새롭게 조명하는 일을 하려 한다. 첫 작업에 만족하지 않고 이어지는 작업으로 교회학에 관한 책 저술, 목회자와 평신도 리더의 교회 이해를 돕는 워크숍, 교회컨설팅 등 교회와 독자에게 소개하려 한다. 그 일은 교회를 좀 더 잘 알고 교인을 더 이해하는 데 도움이 된다. 미약한 출발이지만 교회와 독자에게 큰 힘이 되리라 확신한다.

봉천교인 인터뷰 질문지

질문은 두 부분으로 나누어져 있습니다. 첫 부분은 여러분 개인의 신앙 생활에 관한 질문입니다.

1. 당신은 누구인지 소개해 달라. 언제부터 교회 출석을 하였는가?

2. 함께 살던(사는) 가족들의 종교적 상황과 신앙 양태를 간단히 소개해 달라.

3. 어린 시절부터 지금까지 하나님에 관한 생각과 이미지가 어떻게 변화하였는지 말해줘라.

4. 지금까지 살아오면서 하나님에 관해 생각할 때, 형용사로 단어 5개만 선택해 보라.

5. 하나님(또는 예수님)이 아주 가깝게, 확실하게 느껴졌던 때는 언제였는가? 왜 그렇게 느꼈는가(3개 정도)?

6. 하나님(또는 예수님)이 아주 멀리 느낀 적이 있는가? 언제 어떻게 그렇게 느꼈는가(3개 정도)?

7. 하나님(또는 예수님)으로부터 거절 혹은 버려짐을 느낀 적이 있는가?

8. 최근 하나님(또는 예수님)에 대한 당신의 이미지를 꼽으라면 무엇이며, 그림으로 3개 정도 그려 보라.

9. 8번의 이미지를 그리게 영향을 끼친 사람이 있다면, 누구인가(실제로 경험한 사람이거나, 책이나 영화 등에서 본 사람도 괜찮다)?

수고하셨습니다. 이제 교회생활에 관한 질문입니다.

10. 당신은 언제부터 어떤 계기로 봉천교회에 출석하게 되었는가?

11. 봉천교회에 출석하고서 변화된 삶의 모습이 있다면 무엇인가?

12. 교회생활에서 목자·목녀의 역할에 대해 묻는다. 목장 활동이나 교회생활에 그들의 도움이 필요한가? 다른 교회와의 차이가 있다면 무엇인가?

13. 교회생활로 인하여 가정생활(가족과의 관계에서)·직장생활에서의 변화가 있다면 무엇인가?

14. 삶공부에 참여하고 있는가? 참여하는 이유는 무엇인가?

15. 교회 직분이나 활동에 있어 본인의 자발적인 참여 결정에 대해 어떻게 생각하는가?

16. 교회생활에서 갈등이 생겼을 때, 해결 방식은 무엇인가?

17. 담임목사보다는 기획위원회의 결정에 대해 어떻게 생각하는가?

18. 설교에 관해 묻는다. 현재 목사님의 설교 내용이 좋은가? 좋다면 어떤 점인가? 싫다면 어떤 점인가?

19. 목사의 모습은 여느 교회와 다르다. 어떤 점이 좋은지 어떤 점은 싫은가?

20. 생활신앙과 영성에 관해 묻는다. 어떤 점이 좋은가? 싫은 점이 있다면 무엇인가?

21. 끝으로 교회에 바라는 점이 있다면 무엇인가?

감사합니다.

인터뷰는 남의 이야기를 듣는 행위이다. 이야기를 매개로 '말하는 이(interviewee)'는 자신이 누구인지를 소개하고, '듣는 이(interviewer)'는 말하는 이가 누구인지를 알아내는 소통 방법이다. 인터뷰는 진실하게 말하고 진지하게 잘 듣겠다는 서로의 신뢰에서 시작한다. 인터뷰만 아니라 사람과 사람의 대화에는 서로 신뢰가 기반이 되어야 한다.

교회에서 세대와 직분, 성별 등과 같은 차이로 소통하지 못해 삐걱대는 소리가 흉흉하다. 이념이나 신앙관 차이도 소통을 힘들게 만든다. 그런 것에 목소리를 낮추어도 대화하기 수월할 텐데 하는 기대는 여전히 교회 안에 남아 있다. 자기로부터 한걸음 물러나 다른 이의 관점에서 나를 바라보는 훈련이 필요하다. 그것은 남의 이야기를 듣는 일에서부터 시작한다.

봉천교회에서 인터뷰는 처음 있는 일이다. 인터뷰는 두 부분으로 나뉘어 있다. 앞부분은 개인의 신앙에 관한 질문들이고 뒷부분은 교회에 관한 내용이다. 인터뷰할 교인에게 한 주 전에 질문지를 나눠주고 준비하도록 했다. 그들이 질문에 관한 정답을 찾으려고 애쓴 흔적이 보였다. 인터뷰 대상자들은 개인의 신앙에 관한 질문에 힘겨워했다는 것을 짐작할 수 있었다. 하나님에 관한 물음에는 형용사로 대답하라 했으나 다들 명사로 대답하였다. 교회생활에 관한 질문에서는 그들 생활에 관한 내용인지라 훨씬 쉽게 대화를 이어갈 수 있었다.

2021년 1월이 시작하면서 교회는 새로운 닻을 올렸다. 인터뷰였다. 인터뷰 일정을 화요일과 금요일 오후에 제안했으나 성인들은 할 수 없었다. 다행히 청년들부터 3번에 걸쳐 인터뷰를 시작하였다. 첫 인터뷰로 ○규, ○호, 그리고 ○철이 함께하겠다는 카톡이 왔다. 1월 19일 오후 3시로 날짜를 잡았다. ○철이 개인 사정으로 연기하였고 ○규와 ○호만 인터뷰하게 되었다. 3명을 함께 인터뷰한다는 부담을 느꼈는데 다행이 었다.

첫 인터뷰 날, 〈카페 나무〉에 도착한 ○승은 "○민 언니는 목사님이 말하면 할 거 같아요" 한다. 인터뷰를 시작하기 전, ○민이 카페에 들어오길래 "넌, 다음이다"라는 말을 건넸다. ○민은 ○철과 함께 두 번째 인터뷰로 일정을 잡았다.

인터뷰는 〈카페 나무〉에서 하기로 해서 영상과 녹음을 담당한 L목사가 장비를 나르고 설치하였다. 그것을 보던 교인들은 얼굴이 경직되기 시작하였다. 이럴 줄 몰랐다는 반응이다. 다들 아이폰에 녹음하는 정도일 거라고 생각했다고 한다. 캠코더, DSLR 카메라, 디카, 스마트폰, 3개의 조명등, 핀 마이크, 그리고 녹음기. 첫 인터뷰는 장비에 놀라면서 시작하였다.

1월 17일 오후에 ○서가 인터뷰하겠다는 카톡이 왔다. 카톡을 보자마자 긴장했다. '이제 중학교 3학년 되는 여자아이를 어떻게 인터뷰하지?' 하는 걱정이 감돌았다. 그애 말을 이해할 수 있을지 하는 고민이었다. 첫 인터뷰 날 카페에 있던 ○승에게 같이 인터뷰 하자는 말로 구조요청을 하였다. 그럴 계획이라고 해서 정말 고마웠다. 다행히 ○서와의 인터뷰는 어렵지 않았다.

2월이 시작하면서 인터뷰 날짜를 성인들의 일정에 맞춰 주일 오후로 잡았다. 성인 첫 인터뷰는 ○아 자매와 ○경 자매였다. 둘 다 내향적인 성격인지라 좋은 파트너라 여겼다. ○아 자매가 그렇게 계획한 듯하다.

다른 성격이면 인터뷰하기 힘들었을 텐데, 고마웠다. 또한 두 사람 모두 40대 중반이라 같은 연령대에서 오는 삶의 경험도 비슷해서 인터뷰하기 수월하였다. 인터뷰 장비를 설치하고 기다리는데, ○아 자매가 카페로 들어왔다. 그를 보는 순간, 뭔가 다르다는 인상이었다. 자세히 보니 그는 머리카락으로 앞이마를 가렸다. '영상이 주는 힘이 있군' 하고 생각하였다.

2월 둘째 주, 성인의 두 번째 인터뷰는 40대 중반 ○진 자매와 이제 갓 50을 넘긴 ○경 자매이다. ○경 자매는 최근 교회에 출석하기 시작하였다. 그가 누구인지 몰랐으나 교회 청년의 어머니인 것을 인터뷰하면서 알게 되었다. 아들로 인해 교회 나왔다고 한다. 둘은 다른 성격이었고 나이와 관심사나 살아온 경험도 다 달랐다. 그래서인지 인터뷰하기는 힘들었다.

2월 넷째 주 인터뷰는 주일 오후 2번이었다. 40대 부부였다. 나보다 10살 정도 어린 두 남자에게 좋은 인상을 받았고, 그들의 삶을 엿볼 수 있다는 기대가 가득하였다. 특히 ○구 형제에게는 이재익 목사가 안식년을 가졌던 2019년 하반기 예배에서 듣게 된 간증에서 좋은 인상을 받았다. ○규 형제는 믿음직스럽다. 이렇게 2월에 40대 인터뷰를 모두 끝냈다.

매월 셋째 주마다 한 달에 한 번꼴로 설교를 한다. 2월 21일 주일 설교에서 인터뷰 진행을 알리면서 3월에는 50대 차례이니 준비하라는 약간 엄포 섞인 말을 하였다. 50대 인터뷰는 나를 초긴장케 하였다. 같은 연배로 살아온 사람들인지라 조심스럽기도 하고, 혹시나 내가 실수를 하지 않을까 하는 두려움이었다. 또한 인터뷰하기로 한 이들 모두 삶의 선이 워낙 뚜렷하기도 하였다.

2월 마지막 주 오후 인터뷰하러 교회에 도착하니, 지난주 설교에서 50대는 자기라 하면서 인터뷰 날짜를 잡자고 남편이 말했다며 ○연 자매가 말을 건넸다. 인터뷰를 시작하면서 꼭 하고픈 사람 중 1명이 그의 남편이었다.

강화에 귀촌한 두 부부 인터뷰도 예정되었다. 두 부부 모두 베이비붐 세대였다. 세상에서 나름 성공했다고 자부하는 이들이, 그렇지 않은 교회에 정착하며 신앙을 배워 가는 모습이 참 특이했다. 한 부부 아들은 전도사이고 아내의 매부는 목사이다. 다른 부부의 남편은 내 신학교 동기 형님으로 목사를 동생으로 두었고, 외할머니가 기독교 신앙을 시작한 집안이다. 봉천교회에서는 담임목사를 제외하고는 부모의 신앙을 이어가며 성실히 교회 중심의 신앙생활 하던 부부들이었다.

다음은 장로님 부부 인터뷰였다. 그는 내가 알고 있던 장로의 기준을 깬 분이다. 잘난 구석 하나도 없는데 교인으로부터 존경을 받는 장로다. 그 이유를 알고 싶었으므로 개인의 신앙보다 교회나 지방회에 관한 질문에 집중하였다. 그의 매제는 감리회 목사이다.

마지막으로, ○원 자매와 ○란 자매이다. 둘 다 직선적인 성격을 가졌다. 자신이 옳다고 여기는 것에는 뭐든 밀어붙이는 성격이라 할까? 힘이 있어 보이는 40대 중반인 ○원 자매와 이제 갓 오십 된 ○란 자매에게 신앙의 힘은 어디에서 오는지 개인적인 관점에서 알아보려 하였다.

참고도서

1980년 이후 출간된 책 20권을 소개한다.

- 기든스(Anthony Giddens). 1995. 『현대성과 자아정체성』(Modernity and Self-Identity), 권기돈 역, 새물결.
- 마페솔리(Michel Maffesoli). 2017. 『부족의 시대: 포스트모던 사회에서 개인주의의 쇠퇴』(Le Temps des Tribus), 박정호·신지은 역, 문학동네.
- 바우만(Zygmunt Bauman). 2005. 『액체 근대』(Liquid Modernity), 이일수 역, 도서출판 강.
- 벡(Ulrich Beck). 2019. 『위험 사회』(Risikogesellschaft: Auf dem Weg in eine andere Moderne), 홍성태 역, 새물결.
- 알렉산드(Jeffrey C. Alexander). 2007. 『사회적 삶의 의미: 문화사회학』(The Meanings of Social Life: A Cultural Sociology), 박선웅 역, 한울아카데미.
- 에드먼슨(Amy C. Edmondson). 2019. 『두려움 없는 조직』(The Fearless Organization), 최윤영 역, 다산북스.
- 올슨(Mancur Olson Jr). 2013. 『집단행동의 논리: 공공재와 집단이론』(The Logic of Collective Action: Popular Goods and The Theory of Groups), 최광·이성규 역, 한국연구재단.
- 세넷(Richard Sennett). 2001. 『신자유주의와 인간성의 파괴』(The Corrosion of Character), 조용 역, 문예출판사.
- 스반(Abram De Swaan). 2015. 『함께 산다는 것: 세상의 작동 원리와 나의 위치에 대한 사회학적 탐구』(Human Societies: an Introduction), 한신갑·이상직 역, 현암사.
- 칙센트미하이(Mihaly Csikszentmihalyi). 2004. 『몰입: 미치도록 행복한 나를 만나다』(Flow: The Psychology of Optimal Experience), 최인수 역, 한울림.
- 콜린스(Randall Collins). 2009. 『사회적 삶의 에너지』(Interaction Ritual Chains), 진수미 역, 한울 아카데미.
- Adizes, Ichak. 1988. Corporate Lifecycles: How and Why Corporations Grow and Die and What to Do About It. NJ: Prentice Hall.
- Ammerman, Nancy T., 2004. Sacred Stories, Spiritual Tribes: Finding religion in everyday life. NY: Oxford University Press.
- Chaves, Mark. 2017. American Religion: Contemporary Trends 2nd. NJ: Princeton University Press.
- Collins, Randall. 2020. Charisma: Micro-sociology of Power and Influence. NY: Routledge.
- Gill, Robin. 2003. The 'Empty' Church Revised. London: Ashgate.
- Herrington, Jim., Mike Bonem, James H. Hur. 2000. Leading Congregational Change. SF: Jossey-Bass.
- Hopewell, James F. 1987. Congregation: Stories and Structures. Philadelphia: Fortress Press.
- Jäger, Markers. 2014. Popular is Not Enough: The political Voice of Joan Baez. A Case Study on the Biographical Method. Stuffgart, Germany: ibidem-Verlag.
- McGuire, Meredith B. 2008. Lived Religion: Faith and Practice in Everyday Life. NY: Oxford University Press.

찾아보기